T0198575

essentials

essentials liefern aktuelles Wissen in konzentrierter Form. Die Essenz dessen, worauf es als „State-of-the-Art" in der gegenwärtigen Fachdiskussion oder in der Praxis ankommt. *essentials* informieren schnell, unkompliziert und verständlich

- als Einführung in ein aktuelles Thema aus Ihrem Fachgebiet
- als Einstieg in ein für Sie noch unbekanntes Themenfeld
- als Einblick, um zum Thema mitreden zu können

Die Bücher in elektronischer und gedruckter Form bringen das Expertenwissen von Springer-Fachautoren kompakt zur Darstellung. Sie sind besonders für die Nutzung als eBook auf Tablet-PCs, eBook-Readern und Smartphones geeignet. *essentials:* Wissensbausteine aus den Wirtschafts-, Sozial- und Geisteswissenschaften, aus Technik und Naturwissenschaften sowie aus Medizin, Psychologie und Gesundheitsberufen. Von renommierten Autoren aller Springer-Verlagsmarken.

Weitere Bände in dieser Reihe http://www.springer.com/series/13088

Florian Dorozalla
Jann Christian Hegewald

Personalmanagement und Mitarbeiterleistung

Zusammenhang und praktische Handlungsempfehlungen

Mit einem Geleitwort von Werner M. Bahlsen

 Springer Gabler

Prof. Dr. Florian Dorozalla
Hochschule Emden/Leer
Emden
Deutschland

Jann Christian Hegewald
Hochschule Emden/Leer
Emden
Deutschland

ISSN 2197-6708   ISSN 2197-6716 (electronic)
essentials
ISBN 978-3-658-14115-8   ISBN 978-3-658-14116-5 (eBook)
DOI 10.1007/978-3-658-14116-5

Die Deutsche Nationalbibliothek verzeichnet diese Publikation in der Deutschen National-
bibliografie; detaillierte bibliografische Daten sind im Internet über http://dnb.d-nb.de abrufbar.

Springer Gabler

Gedruckt auf säurefreiem und chlorfrei gebleichtem Papier

Springer Gabler ist Teil von Springer Nature
Die eingetragene Gesellschaft ist Springer Fachmedien Wiesbaden GmbH

Was Sie in diesem *essential* finden können

- Konkrete und praxisnahe Handlungsempfehlungen zur richtigen Anwendung von personalpolitischen Maßnahmen zur Steigerung der Mitarbeiterleistung
- Erläuterungen begrifflicher Grundlagen des strategischen Personalmanagements
- Darstellung und Erläuterung des Zusammenhangs zwischen Personalmanagement und Mitarbeiterleistung anhand theoretisch-konzeptioneller Modelle und empirischer Studien
- Best-Practice-Beispiele zum Zusammenhang *Personalmanagement-Mitarbeiterleistung*

Geleitwort von Werner M. Bahlsen, Inhaber und Vorsitzender der Geschäftsführung der Bahlsen GmbH & Co. KG

Ohne Mitarbeiter kein Erfolg und ohne Erfolg kein Unternehmen. Diese einfache Formel bringt auf den Punkt, was zwar alle wissen, aber viel zu selten aussprechen: Mitarbeiter sind *die* wichtigste Ressource eines Unternehmens. Jeden Tag aufs Neue setzen sie ihr Wissen und ihre Fähigkeiten mit großem Engagement für ihren Arbeitgeber ein und ermöglichen ihm dadurch seinen Erfolg.

Dank geburtenstarker Jahrgänge war es für Unternehmen über viele Jahrzehnte hinweg keine besonders große Schwierigkeit, ihren Personalbedarf mit qualifizierten Mitarbeitern zu decken. Die Anzahl der verfügbaren Arbeitskräfte überstieg die Anzahl der zu besetzenden Stellen deutlich. Diese komfortable Situation erlaubte es den Unternehmen, bei der Mitarbeiterauswahl äußerst wählerisch zu sein. Bildlich gesprochen konnten sie sich lange Zeit die „Rosinen herauspicken", ohne sich besonders anzustrengen.

Seit einigen Jahren ändert sich diese Situation jedoch. Nicht nur der demografische Wandel macht sich in Form von sinkenden Bewerberzahlen und steigendem Durchschnittsalter der Beschäftigten bemerkbar. Auch die Ansprüche und Forderungen der Mitarbeiter haben sich verändert, was diese gegenüber ihrem Arbeitgeber auch sehr deutlich zum Ausdruck bringen. Den Unternehmen bleibt also nichts anderes übrig, als ihre oben beschriebene „Komfortzone" zu verlassen und sich den veränderten Ansprüchen und Forderungen anzupassen.

So erhalten personalpolitische Aspekte wie die Personalentwicklung und angepasste Vergütungsmodelle, eine ausgewogene Work-Life-Balance und Elternzeit, Homeoffice und flexible Arbeitszeitmodelle oder auch betriebliches Gesundheitsmanagement und betriebliche Altersversorgung immer häufiger Einzug in das Personalmanagement-Portfolio von Unternehmen. Was noch vor wenigen Jahren eher unüblich war, ist heute bereits vielfach gang und gäbe. So auch bei uns bei *Bahlsen.*

Als Familienunternehmen fühlt sich *Bahlsen,* der erfolgreichste deutsche Gebäckhersteller und eines der bekanntesten und beliebtesten Unternehmen in Deutschland, seinen 2.636 Mitarbeitern besonders verpflichtet. Deshalb wird in deren fachliche und persönliche Weiterentwicklung viel investiert. Die Bandbreite reicht von individuellen Entwicklungsmaßnahmen über Mitarbeitergespräche bis hin zu Mentoring- und Coaching-Programmen. Dabei pflegt *Bahlsen* eine Unternehmenskultur, die zur Übernahme von Verantwortung ermutigt.

Wichtig ist uns auch die Vereinbarkeit von Beruf und Familie. Flexible Arbeitszeit- und Teilzeitmodelle gehören ebenso zum Berufsalltag wie ein Eltern-Kind-Zimmer. Auch Sport und Fitness werden groß geschrieben: *Bahlsen* arbeitet mit dem Firmenfitnessprogramm *Hansefit* zusammen, wodurch die Mitarbeiter vergünstigt an zahlreichen Kursen und Aktivitäten teilnehmen können.

Vorliegendes Buch erläutert, wie der richtige Einsatz personalpolitischer Instrumente eine verbesserte Mitarbeiterleistung bewirken kann. Dabei führt der Weg zumeist über eine gesteigerte Mitarbeiterzufriedenheit, weshalb die eingangs erwähnte Formel korrekterweise wie folgt erweitert werden muss: *Ohne zufriedene Mitarbeiter kein Erfolg und ohne Erfolg kein Unternehmen.* Nehmen Sie also das beziehungsweise Ihr Unternehmersein mit Blick auf das Personalmanagement wörtlich und *unternehmen* Sie etwas, damit die Zufriedenheit Ihrer Mitarbeiter steigt. Das vorliegende Buch zeigt Ihnen dazu äußerst interessante und vor allem konkrete und praxisnahe Handlungsempfehlungen auf.

Ich wünsche Herrn Prof. Dorozalla und Herrn Hegewald eine weite Verbreitung ihres Buches. Ihnen als Leserinnen und Leser wünsche ich viele neue Erkenntnisse sowie Anregungen, um Ihr Personalmanagement wirkungsvoll an die neuen Gegebenheiten anzupassen.

Hannover, im Februar 2016   Werner M. Bahlsen

Vorwort der Autoren

Bei durchschnittlich acht Stunden Schlaf pro Tag verbleiben jedem von uns noch 16 Stunden für Arbeit und Freizeit. Als Inhaber einer Vollzeitstelle verbringen wir also mindestens die Hälfte unserer täglich verfügbaren Zeit am Arbeitsplatz. Daher ist es mehr als verständlich, wenn wir uns dort wohlfühlen möchten. Ob wir dies aber tatsächlich tun, hängt insbesondere von unserer Antwort auf die folgenden grundsätzlichen Fragen ab:

- Sind wir mit unserem Job und den damit verbundenen Aufgaben zufrieden?
- Verstehen wir uns gut mit unseren Kolleginnen und Kollegen und arbeiten wir konstruktiv mit ihnen zusammen?
- Sind wir mit dem Führungsverhalten unserer Vorgesetzten einverstanden und fühlen wir uns beziehungsweise unsere Arbeit von ihnen wertgeschätzt?

Können wir diese Fragen mit *Ja* beantworten, sind wir offensichtlich zufrieden und fühlen uns wohl an unserem Arbeitsplatz. Nun wissen wir jedoch aus eigener Erfahrung sowie von Familie, Freunden und Bekannten, dass dies bei weitem nicht jeder von sich behaupten kann. Aus einer solchen Situation der Unzufriedenheit heraus resultiert dann oftmals eine verminderte Leistungsbereitschaft. Genau an dieser Stelle setzt unser Buch an, indem es Ihnen aufzeigt, wie Sie Ihr Personalmanagement so gestalten können, dass sich die Zufriedenheit und die Leistung Ihrer Mitarbeiter merklich erhöhen werden.

Die Struktur dieses Buches orientiert sich an der Dissertationsschrift „Strategisches Personalmanagement und demografischer Wandel – Integration der Forschungsfelder und Erfolgsauswirkungen altersorientierter Konzepte" von Florian Dorozalla aus dem Jahr 2013. So haben wir einige Bausteine dieser Arbeit von der Idee her übernommen und an vorliegendes Buch und seine Zwecke angepasst.

Unser herzlicher Dank richtet sich an dieser Stelle zunächst an Herrn Bahlsen für seine Bereitschaft, unser Buch mit einem Geleitwort zu unterstützen. Darüber hinaus danken wir der *AGRAVIS Raiffeisen AG,* der *AMF-Bruns GmbH & Co. KG* sowie der *Haufe-umantis AG* dafür, dass sie uns mit Daten und Fakten versorgt haben, sodass wir sie als Best-Practice-Beispiele in unser Buch aufnehmen konnten.

Hamburg und Emden, im Februar 2016   Florian Dorozalla

                                                     Jann Christian Hegewald

Über die Autoren

Prof. Dr. Florian Dorozalla lehrt an der *Hochschule Emden/Leer* Unternehmensführung. Strategisches Personalmanagement und demografischer Wandel bilden die Schwerpunkte seiner wissenschaftlichen Arbeit. Bevor er an der *TU Darmstadt* promovierte, war er mehrere Jahre für eine strategische Unternehmensberatung tätig.

Jann Christian Hegewald B. A. arbeitet als wissenschaftlicher Mitarbeiter für Personalmanagement an der *Hochschule Emden/Leer*. Daneben lehrt er als Honorardozent an einer privaten Hochschule in Hamburg. Sein Studium der internationalen BWL absolvierte er an der *Hochschule Emden/Leer* und der *University of the Sunshine Coast* in Australien.

Inhaltsverzeichnis

Abbildungsverzeichnis

Tabellenverzeichnis

Abkürzungsverzeichnis

AWO   Arbeiterwohlfahrt
HLM   Hierarchisch lineare Modellierung
HRM   Human Resource Management
KSAs   Wissen (Knowledge), Fertigkeiten (Skills), Fähigkeiten (Abilities)
PB   Personalbeurteilung
PE   Personalentwicklung
PG   Personalgewinnung
PMS   Personalmanagementsysteme
POS   Perceived organizational support
PV   Personalvergütung
RA   Regressionsanalyse
ROA   Return on Assets
ROE   Return on Equity
SEM   Strukturgleichungsmodelle
SHRM   Strategic Human Resource Management

1.1 Praktische Relevanz

Immer wieder wird über die Frage diskutiert, wer oder was die zentralen Treiber der Unternehmensleistung sind. Gute Strategien (Seeger 2014) oder die Finanzkraft eines Unternehmens (Ellinger et al. 2011)? Optimierte Produktionsprozesse (Ginger und Büchner 2016), moderne Informationstechnologien (Zhang et al. 2013) oder innovative Produktdesigns (Homburg et al. 2015; Noble und Kumar 2010)? Kunden (Hsu et al. 2006) oder vielleicht doch die eigenen Mitarbeiter (Lasko und Busch 2012; Sebald et al. 2007)?

Für jeden der genannten Faktoren lassen sich sicherlich gute Gründe und Belege anführen. Immer häufiger wird jedoch die Mitarbeiterleistung als *der* entscheidende Förderer der Unternehmensleistung identifiziert – sowohl in der Wissenschaft (u. a. Becker und Huselid 1998; Dachrodt et al. 2014; Huselid 1995) als auch in der Unternehmenspraxis (u. a. Allianz Lebensversicherungs-AG 2010; Bayer AG 2015; Deutsche Post DHL Group 2015).

Die Wichtigkeit von Mitarbeitern und deren Einfluss auf den Unternehmenserfolg fasste Werner Niefer, ehemaliger Vorstandsvorsitzender der Mercedes-Benz AG, folgendermaßen zusammen: „Meine wichtigste Erfahrung als Manager ist die Erkenntnis, daß [sic] die Mitarbeiter das wertvollste Gut eines Unternehmens sind und damit auch das wichtigste Erfolgskapital. Es sind nie Computer, Roboter, technische Einrichtungen, die zu einem Ziel führen, sondern immer Menschen, die Konzepte zustande bringen" (Strzygowski 2014, S. 219). Ähnlich äußerte sich Anne Mulcahy, ehemalige CEO von Xerox: „Employees are a company's greatest asset – they're your competitive advantage" (LifeCare 2003). Auch der frühere CEO von General Electric, Jack Welch, hob den Einfluss der Mitarbeiter hervor, als er sagte: „[…]

© Springer Fachmedien Wiesbaden 2016
F. Dorozalla und J.C. Hegewald, *Personalmanagement und Mitarbeiterleistung*,
essentials, DOI 10.1007/978-3-658-14116-5_1

Getting the right people in the right jobs is a lot more important than developing a strategy [...]" (Meifert et al. 2011, S. 10). Diese Zitate verdeutlichen die große Bedeutung der Mitarbeiter und ihrer individuellen Leistung für den Unternehmenserfolg.

Wie aber kann die Mitarbeiterleistung dauerhaft konstant gehalten beziehungsweise immer weiter gesteigert werden? Der Strauß an möglichen Maßnahmen ist groß. Meist werden dafür jedoch Elemente der Personalmanagementsysteme gewählt (Chênevert und Tremblay 2009; Collings et al. 2010). Darüber hinaus wünschen sich Mitarbeiter den Einsatz dieser Elemente (u. a. Sebald et al. 2007; Wietheger und Lysk 2014). Aufgrund der Vielzahl an unterschiedlichen Maßnahmen sind Führungskräfte allerdings oftmals mit der richtigen Auswahl und dem korrekten Einsatz überfordert (Ackermann 2015; Krämer 2012; Stickling 2015).

Die Mitarbeiterleistung ist also die zentrale Teilmenge der Unternehmensleistung. Dabei existiert eine Reihe von Instrumenten, die die Leistung der Mitarbeiter erhöhen und gleichzeitig von ihnen gewünscht sind. Vorliegendes Buch setzt sich mit genau diesen Instrumenten und ihrem Zusammenspiel mit der Mitarbeiter- und Unternehmensperformance auseinander.

1.2   Zielsetzungen und zentrale Fragestellungen

Das vorliegende Buch verfolgt das Ziel, konkrete Handlungsempfehlungen zur richtigen Anwendung personalpolitischer Maßnahmen und Instrumente zu formulieren. Diese Handlungsempfehlungen sollen mittelständischen Unternehmen dabei helfen, die Leistung ihrer Mitarbeiter und dadurch die Leistung ihres gesamten Unternehmens zu steigern. Somit kann und soll dieses Buch als Praxisleitfaden für Unternehmer verstanden werden.

Ferner ist das vorliegende Buch dem Forschungsfeld des strategischen Personalmanagements zuzuordnen. Die inhaltliche Einordnung und die sich daraus ergebenden Fragestellungen werden in *Zielsetzung 1* dargestellt. Diese Einordnung bildet das Grundgerüst des Buches und vermittelt ein allgemeines Verständnis des Themas. Auf diesem Grundgerüst aufbauend werden dann die eingangs erwähnten Handlungsempfehlungen formuliert sowie die jeweiligen Fragestellungen beantwortet (*Zielstellung 2*). Abbildung 1.1 stellt die beiden Zielsetzungen inklusive ihrer zentralen Fragestellungen dar.

Zielsetzung 1	Zielsetzung 2
Inhaltliche Einordnung des Forschungsfeldes „Strategisches Personalmanagement"	Formulierung von Handlungsempfehlungen zur richtigen Anwendung von Personalmanagementsystemen, um die Mitarbeiter- und Unternehmensleistung zu steigern

- Aus welchen Strömungen hat sich das strategische Personalmanagement entwickelt?
- Wodurch zeichnet es sich im Vergleich zum klassischen Personalmanagement aus?
- Welche Einflüsse und Faktoren sind ursächlich für die Notwendigkeit des strategischen Personalmanagements?
- Was sind Personalmanagementsysteme und wie wirken sie sich auf die Leistung von Mitarbeitern aus?
- Welche Modelle existieren für eine theoretische Fundierung des strategischen Personalmanagements?
- Gibt es Studien, die die Bedeutung des strategischen Personalmanagements und der Personalmanagementsysteme unterstreichen?

- Welche Auswirkungen der Personalmanagementsysteme auf die Leistung von Mitarbeitern und Unternehmen können anhand der untersuchten Modelle und Studien identifiziert werden?
- Welche Handlungsempfehlungen lassen sich daraus ableiten?
- Unter welchen Voraussetzungen ist es für Unternehmen sinnvoll, Personalmanagementsysteme einzusetzen und was gilt es dabei zu beachten?
- Für welche Personalmanagementsysteme sollten sich Unternehmen entscheiden und welche Faktoren sollten im Rahmen der Entscheidungsfindung berücksichtigt werden?
- Lohnt sich die Anwendung von Personalmanagementsystemen für Unternehmen? Falls ja, kann dieses anhand von Best-Practice-Beispielen belegt werden?

Abb. 1.1 Zielsetzungen und zentrale Fragestellungen des Buches. (Eigene Darstellung)

1.3 Aufbau des Buches

Vorliegendes Buch gliedert sich in insgesamt sechs Kapitel. Im Anschluss an diesen einleitenden Teil erfolgt im zweiten Kapitel die Definition und Abgrenzung der zentralen Begrifflichkeiten *Personalmanagement, Strategisches Personalmanagement* und *Personalmanagementsysteme* (vgl. Abschnitte 2.1 bis 2.3). Darüber hinaus wird dargelegt, wann und woraus das strategische Personalmanagement entstanden ist und warum diese Disziplin in den kommenden Jahren immer mehr an Bedeutung gewinnen wird (vgl. Abschnitt 2.2). Die Abschnitte 2.3 und 2.4 erläutern, was Personalmanagementsysteme sind und wie sich ihre richtige Anwendung auf die Leistung von Mitarbeitern und Unternehmen auswirken kann. Anschließend zeigt das dritte Kapitel anhand von theoretisch-konzeptionellen Modellen (vgl. Abschnitt 3.1) und empirischen Studien (vgl. Abschnitt 3.2) auf, dass diese Auswirkungen in der Praxis tatsächlich existieren.

Für die Unternehmen sind dabei die Abschnitte 2.5 und 3.2.2 von besonderer Bedeutung. Diese fassen die jeweils zuvor herausgearbeiteten Erkenntnisse zusammen und geben auf dieser Basis konkrete und praxisnahe Handlungsempfehlungen.

Im Anschluss daran stellt das vierte Kapitel dieses Buches drei verschiedene Unternehmen vor, die eine wichtige Gemeinsamkeit haben: Ihnen allen ist es durch den richtigen Einsatz unterschiedlichster Personalmanagementsystem-Elemente gelungen, die Zufriedenheit, Motivation und Leistung ihrer Mitarbeiter und infolgedessen ihren Unternehmenserfolg signifikant zu steigern. Um ein umfassendes Bild von der Unternehmenspraxis zu vermitteln, unterscheiden sich die drei präsentierten Unternehmen hinsichtlich ihrer Größe und Branchenzugehörigkeit sowie mit Blick auf die von ihnen verwendeten Instrumente und deren Erfolg. Dadurch soll gewährleistet werden, dass jeder Leser ein für sich und sein Unternehmen passendes Best-Practice-Beispiel in diesem Buch findet. So legt Abschnitt 4.1 zunächst den Weg der *AGRAVIS Raiffeisen AG* dar, gefolgt von der *AMF-Bruns GmbH & Co. KG* in Abschnitt 4.2 und der *Haufe-umantis AG* in Abschnitt 4.3. Die Darstellung dieser Best-Practices soll zum einen konkret aufzeigen, welche Personalmanagementsysteme in der Praxis bereits wirksam eingesetzt werden. Zum anderen sollen Unternehmen dazu ermutigt werden, in Zukunft einen ähnlichen Weg zu gehen.

Im fünften Kapitel erfolgt eine inhaltliche Zusammenfassung und Bewertung der herausgearbeiteten Erkenntnisse. Abschließend benennt das letzte Kapitel in mehreren Stichpunkten noch einmal die wesentlichen Aspekte, welche die Leserinnen und Leser[1] aus diesem Buch mitnehmen sollen.

---

[1] Aufgrund der besseren Lesbarkeit wird im Folgenden jeweils nur die männliche Form genannt. Es sind jedoch stets beide Geschlechter gleichermaßen gemeint und angesprochen.

Definition und Abgrenzung zentraler Begriffe

2

2.1 Personalmanagement

Das Personalmanagement umfasst die Führung, Leitung sowie die Steuerung des Personals (Olfert 2015). Bezogen auf die damit verbundenen Aufgaben findet seit mehr als zwei Jahrzehnten ein grundlegender Veränderungsprozess statt. So wurde das Personalmanagement früherer Tage noch als Personalwesen bezeichnet, welches sich vornehmlich mit administrativen und operativen Aufgaben beschäftigte. Dazu zählten unter anderem das Führen von Personalakten sowie das Einstellen und Freisetzen von Mitarbeitern. Das moderne Personalmanagement von heute widmet sich dagegen immer häufiger auch strategischen Aufgaben (Holtbrügge 2013). Diese Kompetenzerweiterung des Human Resource Managements (HRM) soll den Unternehmen dabei helfen, Wettbewerbsvorteile aufzubauen, um dauerhaft im Markt zu bestehen (Becker und Huselid 2006). Aus diesem Grund wird das HRM mittlerweile vielfach als bedeutender Bestandteil, häufig sogar als strategischer Erfolgsfaktor für Unternehmen identifiziert (Holtbrügge 2013). Wie sich diese strategische Ausrichtung im Detail äußert, wird im Folgenden näher erläutert.

2.2 Strategisches Personalmanagement

Das *strategische Personalmanagement* – oft auch als *Strategic Human Resource Management (SHRM)* bezeichnet – ist eine noch relativ junge Disziplin der Betriebswirtschaftslehre (Becker und Huselid 2006). Sie entstand in den 1980er Jahren als Weiterentwicklung des klassischen Personalmanagements (Festing 2012) und beschreibt „[...] the pattern of planned human resource deployments

© Springer Fachmedien Wiesbaden 2016
F. Dorozalla und J.C. Hegewald, *Personalmanagement und Mitarbeiterleistung*,
essentials, DOI 10.1007/978-3-658-14116-5_2

and activities intended to enable an organization to achieve its goals" (Wright und McMahan 1992, S. 298). Im Gegensatz zum klassischen Personalmanagement befasst sich das strategische Personalmanagement dabei mit dem gesamten Unternehmen und richtet seine Aktivitäten an dessen Gesamtstrategie aus (Becker und Huselid 2006; Kohl und Löw 2011; Truss und Gratton 1994). Doch warum war und ist diese Weiterentwicklung unausweichlich? Um diese Frage zu beantworten, werden im Folgenden zwei Aspekte näher beleuchtet, die die HR-Abteilungen in Zukunft vor große Herausforderungen stellen werden: Die demografische Entwicklung in Deutschland sowie die Auswirkungen der Globalisierung.

Vertreter aus Politik, Wirtschaft und Wissenschaft weisen regelmäßig auf die Bedeutung des demografischen Wandels hin. Im gleichen Atemzug warnen sie vor den negativen Auswirkungen dieser Entwicklung (u. a. Bundesministerium für Arbeit und Soziales 2011; Bundesvereinigung der Deutschen Arbeitgeberverbände 2015; Kallweit und Weigert 2016). Dass diese Hinweise und Warnungen durchaus ihre Berechtigung haben, beweist ein Blick auf die Zahlen. Betrachtet man beispielsweise, wie sich der Anteil der Bevölkerung im erwerbsfähigen Alter an der Gesamtbevölkerung in den nächsten Jahren und Jahrzehnten voraussichtlich entwickeln wird, lassen sich daraus sehr schnell konkrete Handlungsbedarfe für Unternehmen identifizieren.

So wird sich die Bevölkerungsgruppe im Alter zwischen 20 und 64 Jahren sukzessive von rund 49 Millionen im Jahr 2013 über knapp 44 Millionen im Jahr 2030 auf schließlich nur noch 34 Millionen Menschen im Jahr 2060 verkleinern (Statistisches Bundesamt 2015). Dieser natürliche Bevölkerungsrückgang wird in ländlichen Regionen durch eine regelrechte „Landflucht" junger Nachwuchskräfte in die großen Städte und Wirtschaftszentren verstärkt (Slupina et al. 2015). Schon heute sind viele ländliche Gebiete von einem sogenannten *Braindrain* betroffen – eine Situation, die durch einen Abwanderungsüberschuss qualifizierter Fachkräfte gekennzeichnet ist (Campanella 2015; Romero 2013).

Kann dieser Rückgang nicht aufgehalten oder zumindest abgemildert werden, wird es in Zukunft zu einem ernst zu nehmenden Mangel an Nachwuchs- und Fachkräften kommen (Parment 2012; Struß und Thommen 2004). Dieser Mangel wird den schon heute geführten Wettbewerb um die besten Arbeitskräfte – den sogenannten *war for talent* – weiter verstärken (Drews und Höfer 2014; Roland Berger Strategy Consultants 2011; The Boston Consulting Group und StepStone 2014). Abbildung 2.1 fasst die Entwicklung der einzelnen Bevölkerungsgruppen (in Prozent) bis zum Jahr 2060 zusammen.

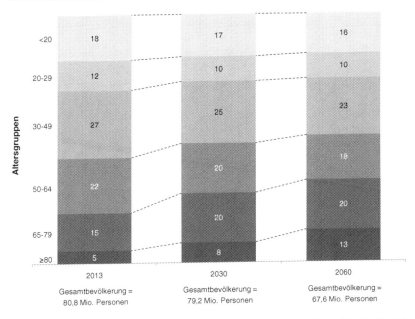

Abb. 2.1 Bevölkerung nach Altersgruppen 2013, 2030 und 2060 in Deutschland. (Statistisches Bundesamt 2015)

In diesem Zusammenhang müssen sich die Unternehmen bewusst machen, dass nicht mehr sie als Arbeitgeber, sondern vielmehr die Arbeitnehmer zukünftig aus einer Position der Stärke heraus agieren werden (Michaels et al. 2001; Parment 2012). Soll heißen: In Zukunft werden Bewerber ihren Arbeitgeber und nicht mehr Unternehmen ihre Mitarbeiter auswählen. Diese Verschiebung der Kräfteverhältnisse wird als *Wandel vom Verkäufer- zum Käufermarkt* bezeichnet. Damit wird eine Situation beschrieben, in der das Arbeitsangebot der Unternehmen (Verkäufer) deutlich größer ist als die Arbeitsnachfrage potenzieller Arbeitnehmer (Käufer) (Böttger 2012; Michaels et al. 2001; Weinrich 2014).

Darüber hinaus werden die Arbeitnehmer in den kommenden Jahren immer älter werden. So wird sich das Durchschnittsalter der Beschäftigten in absehbarer Zeit von 40 auf 42 Jahre erhöhen (Börsch-Supan und Wilke 2009). Grund dafür ist ein erheblicher Anstieg des Anteils derjenigen Mitarbeiter, die mindestens 50 Jahre alt sind – und zwar von 26 Prozent im Jahr 2005 auf 35 Prozent im Jahr 2030 (Statistische Ämter des Bundes und der Länder 2009).

Somit werden die Unternehmen zwei elementare Herausforderungen mit Blick auf die demografische Entwicklung zu bewältigen haben: Zum einen muss es ihnen gelingen, ihren Bedarf nach qualifizierten Fachkräften trotz abnehmender Beschäftigtenzahlen weiterhin zu decken. Zum anderen müssen sie es schaffen, die Bedürfnisse der älteren Mitarbeiter im Berufsalltag optimal zu berücksichtigen, um sie möglichst lange im Unternehmen halten zu können. Insbesondere die Auswirkungen der Globalisierung könnten jedoch dafür sorgen, dass die erstgenannte Herausforderung die Unternehmen vor ernsthafte Probleme stellen wird.

So reicht es heute vielfach nicht mehr aus, allein die Aktivitäten der direkten Konkurrenten vor Ort zu betrachten. Immer häufiger ist auch ein Blick über den Tellerrand hinaus ins Ausland erforderlich. Dafür gibt es zwei wesentliche Ursachen: Einerseits hat der gemeinsame Binnenmarkt für Arbeitnehmerfreizügigkeit in der Europäischen Union gesorgt (Gathmann et al. 2014). Andererseits erleben wir durch die Globalisierung ein weltweit zunehmend enger verflochtenes Wirtschaftssystem (Koch 2014). Aus diesen beiden Aspekten ergeben sich für Unternehmen Chancen und Risiken gleichermaßen (The Boston Consulting Group und StepStone 2014).

Ein Risiko der globalisierten Märkte besteht in der Abwanderung talentierter Fachkräfte ins Ausland. Dadurch kann sich der erwähnte Braindrain insbesondere in ländlichen Regionen abermals verstärken. Dass diese Gefahr in der Realität durchaus existiert, belegt eine gemeinsame Studie der Unternehmensberatung *The Boston Consulting Group* und der Online-Jobbörse *StepStone* (2014). Demnach ist es für 44 Prozent der Deutschen durchaus vorstellbar, eine Stelle im Ausland anzutreten. Unternehmen müssen folglich dafür Sorge tragen, dass nur eine möglichst geringe Anzahl qualifizierter Fachkräfte den heimischen Arbeitsmarkt verlässt und somit der eingangs beschriebene Braindrain vermieden wird.

Gleichzeitig ermöglicht vor allem die Arbeitnehmerfreizügigkeit den Unternehmen eine einfachere Rekrutierung neuer Mitarbeiter aus dem EU-Ausland. Passend dazu erfreut sich Deutschland als potenzieller Arbeitsort bei ausländischen Fachkräften großer Beliebtheit. So geben 33 Prozent aller Befragten an, dass sie dazu bereit wären, eine Arbeit in Deutschland anzunehmen (Strack et al. 2014; The Boston Consulting Group und StepStone 2014). Damit rangiert die Bundesrepublik hinter den Vereinigten Staaten, Großbritannien und Kanada auf dem insgesamt vierten und unter den nicht-englischsprachigen Ländern sogar auf dem ersten Platz (The Boston Consulting Group und StepStone 2014). Wollen die Unternehmen also auf dem Feld der internationalen Rekrutierung erfolgreich sein, müssen sie

- ihre Personalgewinnungsstrategie gemäß der Anforderungen der potenziellen Arbeitnehmer aus den verschiedenen Länder gestalten,
- realistische Kandidatenprofile erstellen sowie
- den Bewerbern die Möglichkeit bieten, Schulungs- und Integrationsmaßnahmen wahrzunehmen (The Boston Consulting Group und StepStone 2014).

All diese genannten Herausforderungen, Chancen und Risiken wären mit rein verwaltender Personalarbeit nicht zu bewältigen. Somit war und ist die Erweiterung des klassischen Personalmanagements um strategische Aufgaben unerlässlich, damit sich die Unternehmen auch zukünftig noch mit genügend Mitarbeitern versorgen und dadurch ihren langfristigen Erfolg sichern können (Dorozalla 2013). Mit welchen Mitteln sie dieses Ziel erreichen können, wird in den folgenden Abschnitten näher erläutert.

2.3 Personalmanagementsysteme

Personalmanagementsysteme (PMS) fassen alle Maßnahmen und Tätigkeiten zusammen, die einen unmittelbaren Einfluss auf das Verhalten der Mitarbeiter eines Unternehmens haben (Arthur und Boyles 2007). Anders ausgedrückt sind Personalmanagementsysteme also die Instrumente, mit denen ein Unternehmen seine Mitarbeiter führt und steuert. Dabei handelt es sich jedoch um Instrumente, mit denen nicht ausdrücklich einzelne Mitarbeiter, sondern vielmehr alle Mitarbeiter gleichermaßen angesprochen werden sollen (Stock-Homburg 2013).

Viele der heute gängigen Ansätze dazu basieren auf dem sogenannten *Harvard-Modell* von Beer und Kollegen aus dem Jahr 1984, welches im Abschnitt 3.1.1 näher erläutert wird (Dorozalla 2013). Demnach werden Personalmanagementsysteme in drei verschiedene Subsysteme untergliedert: Mitarbeiterflusssysteme (human resource flow), Belohnungssysteme (reward systems) sowie Arbeitssysteme (work systems) (Cakar et al. 2003; Dorozalla 2013; Stock-Homburg 2013). Jedes dieser Subsysteme kann derart angeordnet und genutzt werden, dass es die Strategien eines Unternehmens unterstützt, also die Implementierung des SHRM darstellt (Wright und Snell 1991). Abbildung 2.2 fasst die einzelnen Elemente der Personalmanagementsysteme zusammen und zeigt Synonyme beziehungsweise die im englischen Sprachgebrauch verwendeten Begriffe auf.

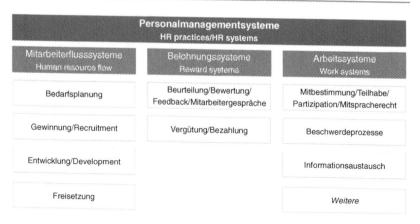

Abb. 2.2 Komponenten der Personalmanagementsysteme. (In Anlehnung an Beer et al. 1984; Dorozalla 2013; Stock-Homburg 2013)

Mitarbeiterflusssysteme umfassen den gesamten Zyklus, den ein Mitarbeiter im Rahmen seiner Unternehmenszugehörigkeit durchläuft (Beer et al. 1984). Dieser Zyklus besteht aus den vier konsekutiven Phasen Bedarfsplanung, Gewinnung/Recruitment, Entwicklung/Development sowie Freisetzung (In Anlehnung an Stock-Homburg 2013). Dabei erstreckt sich die Unternehmenszugehörigkeit von der Anbahnung respektive Begründung eines Arbeitsverhältnisses (Bedarfsplanung und Gewinnung) über die tatsächliche Betriebszugehörigkeit des Mitarbeiters (Entwicklung) bis hin zur Beendigung der Zusammenarbeit (Freisetzung). Jede einzelne dieser Phasen lässt sich dann wiederum um Aspekte der Belohnungssysteme ergänzen (Dorozalla 2013).

Mit ebendiesen Belohnungssystemen wird das Ziel verfolgt, die Leistung der Mitarbeiter zu steigern (Stock-Homburg 2013). Genauer gesagt geht es darum, Mittel und Wege zu finden, um ein bestimmtes und vor allem gewünschtes Mitarbeiterverhalten zu erreichen. Die dabei gesetzten Anreize können sowohl einen monetären als auch einen nicht-monetären Charakter haben (Beer et al. 1984). Dementsprechend subsumiert Stock-Homburg (2013) darunter die Beurteilung sowie die Vergütung von Mitarbeitern. Mit Vergütung ist dabei jedoch keineswegs nur die herkömmliche Bezahlung der Mitarbeiter gemeint. Vielmehr geht es um leistungsfördernde Aspekte, wie beispielsweise die *variable Vergütung,* bei der die Auszahlung eines bestimmten Anteils des vereinbarten Entgelts an gewisse individuelle Leistungen oder Erfolge geknüpft ist (Lindner-Lohmann et al. 2012).

Mit Blick auf die Auswirkungen des eingangs beschriebenen demografischen Wandels wird der Umgang mit älteren Beschäftigten zukünftig immer mehr an Bedeutung gewinnen. In diesem Zusammenhang können Belohnungssysteme zum Beispiel Instrumente wie die *betriebliche Altersversorgung* umfassen (Carbon et al. 2014). Diese subsumiert sämtliche Leistungen und Maßnahmen eines Arbeitgebers, die der Altersversorgung seiner Beschäftigten zugutekommen und ist bereits heute die bedeutendste Zusatzleistung aus Sicht der Arbeitnehmer (Kienbaum Consultants International 2014; Kiepe 2014). So erhalten schon jetzt mehr als die Hälfte der Fach- und Führungskräfte Leistungen, die der betrieblichen Altersversorgung zuzurechnen sind (Kienbaum Consultants International 2014).

Zu guter Letzt beschreiben Arbeitssysteme die Aufgabe der Manager, ihre Mitarbeiter sowie die Informationen und Aktivitäten ihres Unternehmens miteinander in Einklang zu bringen. Sprich, sie müssen die Arbeit definieren und ausgestalten (Beer et al. 1984). Dazu können unter anderem die Mitbestimmung beziehungsweise Partizipation der Mitarbeiter an Entscheidungsprozessen, Beschwerdeprozesse oder auch der generelle Austausch von Informationen zählen (Combs et al. 2006).

Personalmanagementsysteme sind Gegenstand zahlreicher wissenschaftlicher Untersuchungen und Veröffentlichungen (Wright und Boswell 2002). Von besonderem Interesse sind dabei ihre Auswirkungen auf die Leistung der Mitarbeiter und somit auf die Leistung des gesamten Unternehmens. Ebendieser Leistungsbezug wird im folgenden Abschnitt näher beleuchtet.

2.4 Leistungsbezug

Gemäß Huselid (1995) wirkt sich der richtige Einsatz von Personalmanagementsystemen positiv auf die Leistung der Mitarbeiter aus. Dieser positive Einfluss führt in der Folge zu einem gesteigerten Unternehmenserfolg, woraus sich Wettbewerbsvorteile ergeben können. Folglich ist der richtige und zweckmäßige Einsatz der verschiedenen Instrumente der Personalmanagementsysteme für Unternehmen von großer Bedeutung. Er kann dazu beitragen, die beschriebenen Herausforderungen aus demografischem Wandel und Globalisierung zu bewältigen.

Voraussetzung ist dafür jedoch stets, dass die einzelnen Instrumente respektive Unterfunktionen der Personalmanagementsysteme derart gestaltet werden, dass sie die Gesamtstrategie eines Unternehmens unterstützen (Wright und Snell 1991). Anhand der in Abschnitt 2.3 vorgenommenen Unterteilung der Personalmanagementsysteme in Mitarbeiterfluss-, Belohnungs- und Arbeitssysteme lässt sich der kausale Zusammenhang zwischen dem korrekten Gebrauch der Personalmanagementsysteme und der daraus resultierenden Leistungssteigerung von Mitarbeitern und Unternehmen sehr gut erläutern.

So stellt beispielsweise die Personalentwicklung einen elementaren Bestandteil der Mitarbeiterflusssysteme dar (Stock-Homburg 2013). Diese dient einerseits der Vermittlung von Wissen und andererseits der Verbesserung von Fähigkeiten und Qualifikationen der Mitarbeiter (Becker 2009; Radhakrishna und Satya Raju 2015; Watzka 2014). Auf diese Weise sollen sie auf ihrem persönlichen Karriereweg unterstützt werden, mit dem Ziel, ihre Zufriedenheit und Motivation sowie ihren Arbeitseinsatz zu steigern. Daraus soll dann im Endeffekt eine verbesserte Arbeitsleistung entstehen (Jung 2011). Eine Möglichkeit, eine solche Leistungssteigerung zu erreichen, besteht in der Anwendung sogenannter *Training-on-the-Job-Methoden*. Diese kommunizieren tätigkeitsbezogene Inhalte und Fähigkeiten direkt am Arbeitsplatz (Jung 2011; Stock-Homburg 2013). Damit wird den Mitarbeitern im ersten Schritt die Möglichkeit geboten, ihre persönlichen und fachlichen Kenntnisse zu erweitern, wodurch sie im zweiten Schritt ihre individuellen Karrierechancen verbessern und ihren persönlichen Marktwert erhöhen. Das wiederum führt im dritten Schritt dazu, dass sich die Mitarbeiter selbst verwirklichen können. Dadurch nimmt ihre Motivation und Arbeitszufriedenheit zu, was schlussendlich in einer verbesserten Arbeitsleistung zum Ausdruck kommt.

Anhand der Belohnungssysteme lässt sich oben beschriebener kausaler Zusammenhang ebenfalls sehr gut erläutern. Folgendes Beispiel soll zur Verdeutlichung beitragen: Bietet ein Unternehmen seinen Mitarbeitern etwa attraktive Vergütungsmodelle – bestehend aus angemessenen Löhnen und Gehältern, Prämien für sehr gute Leistungen sowie einer betrieblichen Altersversorgung als Zusatzleistung – wird sich dies im ersten Schritt positiv auf die Zufriedenheit der Mitarbeiter und ihre Arbeitsleistung auswirken (Heskett et al. 2008). Im zweiten Schritt werden diese Maßnahmen dann unweigerlich zu einer verbesserten Unternehmensleistung führen. Wie es zu dieser Entwicklung kommt, lässt sich unter anderem mit der sogenannten *Service-Profit Chain* erklären. Danach erbringen zufriedene Mitarbeiter gute Leistungen und sorgen so für zufriedene Kunden. Zufriedene Kunden bleiben dem Unternehmen treu und sorgen so für einen gesteigerten Umsatz und Gewinn (Heskett et al. 2008; Payne und Webber 2006; Weaver 1994). Der kausale Zusammenhang zwischen dem richtigen Einsatz der Personalmanagementsysteme und einer verbesserten Leistung ist somit offenkundig.

Auch Arbeitssysteme können den dargestellten Mechanismus erklären (Dorozalla 2013). So sorgen flache Hierarchien und Transparenz sowie die kontinuierliche Teilhabe der Mitarbeiter an Entscheidungsprozessen für ein angenehmes Betriebs- und Arbeitsklima, in dem sich die Mitarbeiter wertgeschätzt fühlen. Diese wahrgenommene Wertschätzung wird als *perceived organizational support* (POS) bezeichnet und wirkt sich positiv auf die Zufriedenheit und Arbeitsleistung der Mitarbeiter aus (Eisenberger et al. 1990; Rhoades und Eisenberger 2002; Settoon et al. 1996). Der Grund dafür: Mitarbeiter agieren größtenteils gemäß der sogenannten *Reziprozitätsnorm*. Diese bringt zum Ausdruck, dass sich Mitarbeiter dazu verpflichtet fühlen, die Unterstützung und Wertschätzung ihres Arbeitgebers zu erwidern, sofern sie diese als ausreichend und gerecht empfinden (Gouldner 1960). Die Erwiderung erfolgt meist in Form einer gesteigerten Arbeitsleistung oder geringerer Fehlzeiten, was sich beides positiv auf die Gesamtleistung eines Unternehmens auswirkt (Eisenberger et al. 1990; Rhoades und Eisenberger 2002). Es ist somit im Interesse eines jeden Unternehmens, einen möglichst hohen POS bei seinen Mitarbeitern zu erreichen.

Abschließend lässt sich konstatieren, dass der richtige Einsatz von Personalmanagementsystemen zu einer verbesserten Mitarbeiter- und Unternehmensleistung führen kann. Dieser Zusammenhang hebt noch einmal die Bedeutung des strategischen Personalmanagements für die Erreichung übergeordneter Unternehmensziele hervor, was durch Becker und Huselid (2006, S. 907) bekräftigt wird: „HR has become an answer to a very important question, How can we improve a firm's [...] performance?".

2.5 Schlussfolgerung und Handlungsempfehlungen

Die vorangegangenen Abschnitte haben den Zusammenhang zwischen Unternehmensstrategie, Personalmanagementsystemen und Leistung aufgezeigt und erläutert. Daraus ergibt sich folgende grundsätzliche Schlussfolgerung: Die richtige, an der Unternehmensstrategie ausgerichtete Anwendung der einzelnen PMS führt zu einer verbesserten Mitarbeiterleistung. Diese kollektive Leistungssteigerung ist auf eine gesteigerte Mitarbeiterzufriedenheit zurückzuführen und bewirkt in der Folge eine verbesserte Leistung des gesamten Unternehmens (vgl. Abbildung 2.3).

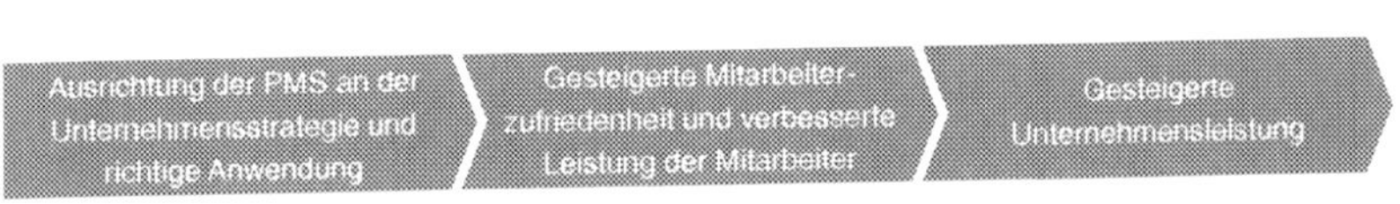

Ausrichtung der PMS an der Unternehmensstrategie und richtige Anwendung › Gesteigerte Mitarbeiterzufriedenheit und verbesserte Leistung der Mitarbeiter › Gesteigerte Unternehmensleistung ›

Abb. 2.3 Zusammenhang zwischen Unternehmensstrategie, Personalmanagementsystemen und Leistung. (Eigene Darstellung)

Aus dieser grundsätzlichen Schlussfolgerung ergeben sich folgende Handlungsempfehlungen für die Unternehmenspraxis:

- Richten Sie im ersten Schritt Ihre Personalstrategie und Personalmanagementsysteme an Ihrer Unternehmensstrategie aus. Planen Sie beispielsweise die Eröffnung neuer Niederlassungen oder die Erweiterung Ihrer Produktionsflächen, ist ein gesteigerter Mitarbeiterbedarf sehr wahrscheinlich. Daher sollten Sie in diesem Fall Ihre Personalbedarfsplanung sowie Ihre Mitarbeitergewinnungsstrategie dementsprechend anpassen. Soll heißen: Die Unternehmensstrategie „Expansion" wäre mit der HR-Strategie „Personalentlassung" nicht umsetzbar.

- Finden Sie heraus, wo Ihre Stärken als Arbeitgeber liegen und wo Handlungsbedarfe bestehen. So können Sie daran arbeiten, Ihre Stärken auszubauen und Ihre Schwächen zu reduzieren. Wichtig ist dabei jedoch, dass der Geschäftsführer oder Personalchef dies nicht alleine in seinem „stillen Kämmerlein" niederschreibt. Vielmehr sollten Sie Ihre Mitarbeiter in einem transparenten Prozess nach ihrer Meinung befragen. Bringt eine solche Mitarbeiterbefragung beispielsweise einen akuten Handlungsbedarf bei der Personalentwicklung oder dem Angebot von Zusatzleistungen (Stichwort: Betriebliche Altersversorgung) zutage, sollten Sie sich dieser Aspekte annehmen und die Wünsche Ihrer Mitarbeiter umsetzen. Eine gesteigerte Mitarbeiterzufriedenheit sowie eine verbesserte Arbeitsleistung sind als direkte Folge sehr wahrscheinlich.

- Arbeiten Sie aktiv an der Zufriedenheit Ihrer Mitarbeiter. Suchen Sie den regelmäßigen Austausch mit ihnen, hören Sie ihnen zu und schätzen Sie ihre Arbeit wert. Kommunizieren Sie Entscheidungen transparent in die Belegschaft hinein und beteiligen Sie Ihre Mitarbeiter konsequent an vorgelagerten Entscheidungsprozessen. Ihre Mitarbeiter werden diese Veränderungen und Ihr Interesse registrieren und es Ihnen mit höherer Motivation und verbesserter Leistung zurückzahlen. Wichtig ist dabei, dass Sie trotz aller Veränderungen authentisch bleiben und keine Rolle spielen.

- Beweisen Sie Flexibilität und setzen Sie Ihre Mitarbeiter entsprechend ihrer individuellen Stärken ein. Ausbildungsberuf oder Studienfach müssen nicht als lebenslange Festlegung auf einen einzigen Beruf verstanden werden. Sollten Sie beispielsweise durch Beobachtungen oder Mitarbeitergespräche feststellen, dass der Bilanzbuchhalter Ihres Unternehmens viel lieber im Controlling arbeiten möchte, weil er dort seine eigentlichen Stärken sieht, ermöglichen Sie ihm diesen Wechsel. Seine Zufriedenheit wird genauso steigen wie seine Leistung.

Konzeptionelle und empirische Darstellung des Zusammenhangs zwischen Personalmanagement und Mitarbeiterleistung

3

3.1 Konzeptionelle Darstellung

3.1.1 Harvard-Modell

Das sogenannte *Harvard-Modell* wurde von Beer und Kollegen im Jahr 1984 entwickelt. Es beschreibt den kausalen Zusammenhang zwischen den einzelnen Bestandteilen beziehungsweise Einflussfaktoren des strategischen Personalmanagements. Die Autoren folgen dabei dem Grundgedanken, dass gewisse interne und externe Faktoren die Auswahl und Gestaltung der Personalmanagementsysteme bestimmen. Das wirkt sich im ersten Schritt beispielsweise auf das Mitarbeiterverhalten und im zweiten Schritt auf die Leistungsfähigkeit des gesamten Unternehmens aus (Beer et al. 1984; Dorozalla 2013). Abbildung 3.1 zeigt diesen Zusammenhang übersichtlich auf.

Demnach umfassen *Situationsfaktoren* „[…] those forces […] that exist in the environment or inside the firm" (Beer et al. 1984, S. 15). Dazu zählen unter anderem die Eigenschaften der Mitarbeiter und die Unternehmensstrategie als interne Faktoren sowie die Entwicklung des Arbeitsmarktes und der Einfluss von Gewerkschaften als externe Faktoren. All diese Kräfte können einerseits durch Personalmanagementsysteme beeinflusst werden. Andererseits können sie die Personalmanagementsysteme aber auch in ihrer Ausgestaltung limitieren (Beer et al. 1984). So kann beispielsweise eine geringe Anzahl verfügbarer Arbeitskräfte auf dem Arbeitsmarkt die Gewinnung neuer Mitarbeiter erschweren. Es ist jedoch genauso denkbar, dass sich ein Unternehmen aufgrund der Gestaltung seiner Personalmanagementsysteme so stark von der Konkurrenz abhebt, dass es trotz dieses Mangels genügend neue Mitarbeiter findet.

© Springer Fachmedien Wiesbaden 2016
F. Dorozalla und J.C. Hegewald, *Personalmanagement und Mitarbeiterleistung*,
essentials, DOI 10.1007/978-3-658-14116-5_3

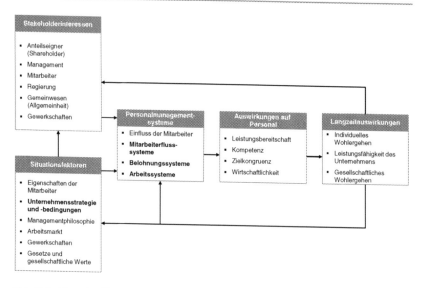

Abb. 3.1 Kausaler Zusammenhang zwischen Komponenten des strategischen Personalmanagements. (In Anlehnung an Beer et al. 1984)

Stakeholderinteressen umfassen die Interessen verschiedener unternehmensinterner und -externer Gruppen. Diese wirken sich mehr oder weniger unmittelbar auf die Gestaltung der Personalmanagementsysteme eines Unternehmens aus. In der Realität äußert sich dieser Einfluss wie folgt: Die PMS müssen derart arrangiert werden, dass sie den Interessen und Anforderungen aller Stakeholder gerecht werden. Gelingt dies nicht, wird es dem Unternehmen auf lange Sicht schwer fallen, seine übergeordneten Ziele zu erreichen und im Markt zu bestehen (Beer et al. 1984; Dorozalla 2013). Folgendes Beispiel soll diesen Zusammenhang verdeutlichen: Vernachlässigt die Geschäftsführung eines Unternehmens über einen gewissen Zeitraum die Bedürfnisse ihrer Mitarbeiter, dann wirkt sich dies zunächst negativ auf deren Leistungsbereitschaft aus. Ändert die Geschäftsführung ihren Kurs auch langfristig nicht, kann dieses Verhalten im schlechtesten Fall das Scheitern des gesamten Unternehmens bewirken.

Abschließend lässt sich festhalten, dass das *Harvard-Modell* die schon in den vorherigen Kapiteln herausgearbeitete Bedeutung der Personalmanagementsysteme für Unternehmen und ihren langfristigen Erfolg unterstreicht. Darüber hinaus betonen Beer und Kollegen, dass der Weg zum Erfolg stets über die Mitarbeiter und ihre individuelle Leistung führt. Damit verdeutlichen auch sie, wie wichtig der richtige Einsatz der einzelnen Personalmanagementsystem-Elemente ist. Dementsprechend nimmt das *Harvard-Modell* ebendiese „[…] Elemente […] auf und integriert sie in ein ganzheitliches Personalkonzept, welches sich wiederum an der Unternehmensstrategie ausrichtet" (Dorozalla 2013, S. 19).

3.1.2 Auburn-Florida-Modell

Combs und Kollegen haben im Jahr 2006 ein weiteres Modell entwickelt. Dieses wird im Folgenden nach der beruflichen Herkunft der Autoren als *Auburn-Florida-Modell* bezeichnet. Es basiert auf einer sogenannten *Metaanalyse* von 92 einzelnen Studien, die allesamt den Zusammenhang zwischen Personalmanagementsystemen und Leistung analysieren (Combs et al. 2006). Bei einer solchen Metaanalyse werden die Ergebnisse diverser, bereits vorhandener Studien untersucht und zusammengefasst. Voraussetzung dafür ist, dass alle untersuchten Studien dieselbe Fragestellung behandeln (Döring et al. 2016). In anderen Worten handelt es sich bei einer Metaanalyse also um eine Untersuchung von bereits existierenden Untersuchungen (Glass 1976).

Das daraus entstandene Modell von Combs und Kollegen unterscheidet sich vom zuvor dargelegten *Harvard-Modell* in dreierlei Hinsicht. Zum einen ist es aufgrund der Berücksichtigung der empirischen Studien kein rein theoretisches Modell. Dadurch können präzisere und vor allem belastbarere Aussagen und Empfehlungen für die Unternehmenspraxis getroffen werden. Zum anderen werden die Personalmanagementsysteme im *Auburn-Florida-Modell* nicht direkt von anderen Faktoren beeinflusst. Sie sind in diesem Modell die *unabhängige* Variable. Darüber hinaus wirken die Unternehmensstrategie sowie die Umweltfaktoren als sogenannte *Moderatoren* lediglich von außen auf den Zusammenhang zwischen Personalmanagementsystemen und Leistung ein (Dorozalla 2013).

Ein denkbarer Moderator kann der Wettbewerb innerhalb einer Branche sein (Umweltfaktor). So kann ein hoher Wettbewerbsdruck dazu führen, dass sich beispielsweise Personalentwicklungsmaßnahmen sehr positiv auf die Leistung der Mitarbeiter und des Unternehmens auswirken. Schwacher Wettbewerbsdruck wird sich dagegen weniger positiv auf den Zusammenhang *Personalentwicklung-Leistung* auswirken. Doch warum ist das so? Mitarbeiter nehmen hohen Wettbewerbsdruck als Herausforderung oder sogar als Bedrohung für ihren Arbeitsplatz wahr. Aus diesem Grund entwickeln sie automatisch eine starke intrinsische Motivation, ihren Arbeitsplatz zu sichern. Wenn sie in einer solchen Situation dann noch die Möglichkeit zur Erweiterung ihres Wissens sowie ihrer Fertigkeiten und Fähigkeiten erhalten, trägt dies unter dem hohen Wettbewerbsdruck dazu bei, dass sie noch mehr leisten als in einer Situation ohne Wettbewerbsdruck.

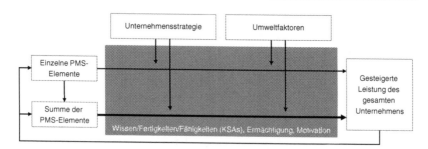

Abb. 3.2 Auswirkungen von Personalmanagementsystemen auf die Unternehmensleistung. (In Anlehnung an Combs et al. 2006)

Der Grundgedanke hinter diesem Modell ist, dass sich die Anwendung von Personalmanagementsystemen positiv auf die Unternehmensleistung auswirkt (vgl. Abbildung 3.2). Combs und Kollegen differenzieren dabei zwischen den einzelnen Personalmanagementsystem-Elementen und ihrer Summe. Sie gehen davon aus, dass die Unternehmensleistung stärker durch die Gesamtheit der PMS-Elemente als durch isolierte Faktoren beeinflusst wird (Combs et al. 2006). Dieser Umstand wird in der obigen Abbildung durch den kräftigeren Pfeil dargestellt. Doch wie genau sorgen Personalmanagementsysteme nach diesem Modell für eine gesteigerte Unternehmensleistung?

Gemäß Combs und Kollegen nutzen sie dafür drei sogenannte *Mediatoren*. Im ersten Schritt werden das Wissen (Knowledge), die Fertigkeiten (Skills) und die Fähigkeiten (Abilities) der Mitarbeiter *(KSAs)* erweitert beziehungsweise verbessert. Anschließend wird den Mitarbeitern zum einen mitgeteilt, dass sie ihre nun verstärkten *KSAs* anwenden dürfen. Zum anderen wird ihnen deutlich gemacht, dass sie diese auch wirklich anwenden sollen (Becker und Huselid 1998; Combs et al. 2006). Dieser Drei-Schritt führt dann schlussendlich zu einer verbesserten Gesamtleistung des Unternehmens, die gemäß der obigen Abbildung in die Personalmanagementsysteme reinvestiert wird (Combs et al. 2006; Dorozalla 2013).

In der Praxis könnte eine Erweiterung respektive Verbesserung der *KSAs* etwa durch die Anwendung von *Training-on-the-Job-Methoden* oder die Durchführung herkömmlicher Weiterbildungen erfolgen. Sobald die Mitarbeiter ihre „Fortbildung" abgeschlossen haben, sollten sie ihre neu erworbenen Kenntnisse und Fähigkeiten im Rahmen ihrer täglichen Arbeit anwenden dürfen. Sofern sie dies nicht von sich aus tun, müssen sie dazu durch die Unternehmens- oder Abteilungsleitung ermutigt werden. Dies kann zum Beispiel in persönlichen Gesprächen oder durch die Einführung eines Anreiz- beziehungsweise Prämiensystems erfolgen. Dabei muss letzteres nicht zwangsläufig aus monetären Prämien und Anreizen bestehen. Denkbar sind auch schnellere Aufstiegsmöglichkeiten oder die Erweiterung des bisherigen Aufgabenbereichs um verantwortungsvolle Tätigkeiten. Dadurch würden die Mitarbeiter gleichzeitig dazu ermächtigt und ermutigt, von ihren weiterentwickelten *KSAs* Gebrauch zu machen, womit sie zu einer gesteigerten Unternehmensleistung beitragen würden.

Zusammenfassend kann konstatiert werden, dass das *Auburn-Florida-Modell* den Personalmanagementsystemen ebenfalls einen bedeutenden Einfluss auf den Unternehmenserfolg zuspricht. Wie auch in anderen Theorien und Modellen, erfolgt die Einflussnahme laut der Autoren über die Mitarbeiter. So sollen diese durch die Anwendung verschiedener Mediatoren dazu befähigt, ermächtigt und motiviert werden, ihre individuelle Leistung zu verbessern, um dadurch für eine insgesamt gesteigerte Unternehmensleistung zu sorgen. Damit wird den Mitarbeitern die Rolle der „[…] central ingredients affecting organizational performance" zuteil (Combs et al. 2006, S. 501).

3.1.3 Zusammenfassung

Sowohl das *Harvard-Modell* als auch das *Auburn-Florida-Modell* beschreiben den positiven Zusammenhang zwischen Personalmanagementsystemen und Leistung. Zwar unterscheiden sie sich hinsichtlich ihrer Bestandteile und Gestaltung. Dennoch kann abschließend festgehalten werden, dass beide Modelle gleichermaßen den positiven Einfluss des richtigen Einsatzes der Personalmanagementsysteme auf die Leistung von Mitarbeitern und Unternehmen unterstreichen.

3.2 Empirische Darstellung

3.2.1 Beziehungen zwischen einzelnen Personalmanagementsystemen und Leistung

In diesem Abschnitt wird anhand der Ergebnisse von elf empirischen Untersuchungen dargelegt, dass *einzelne* Personalmanagementsysteme die Leistung eines Unternehmens positiv beeinflussen können. Diese Ergebnisse beruhen auf Befragungen der verschiedenen Autoren in zusammengerechnet 5.942 Unternehmen aus Asien, Europa und Nordamerika. Eine detaillierte Auflistung der für vorliegendes Kapitel analysierten Studien und ihrer Ergebnisse kann Tabelle A. 1 im Anhang entnommen werden.

Hervorzuheben sind in diesem Zusammenhang die unterschiedlichen Ausprägungen der unabhängigen und abhängigen Variablen, die in Abbildung 3.3 dargestellt werden (Dorozalla 2013). So reicht die Auswahl der unabhängigen Variable *Personalmanagementsysteme* von der Personalgewinnung (Michie und Sheehan 2005) über die Personalbeurteilung (u. a. Delery und Doty 1996) bis hin zur Personalentwicklung und -vergütung (u. a. Birdi et al. 2008; Collings et al. 2010; Fey et al. 2000). Die abhängige Variable *Leistung* wird unter anderem durch die Unternehmensleistung beziehungsweise Unternehmensproduktivität (u. a. Birdi et al. 2008; Gooderham et al. 2008) sowie durch den Mitarbeitereinsatz (Chênevert und Tremblay 2009) repräsentiert. Abbildung 3.3 gibt Aufschluss darüber, wie häufig die jeweiligen Ausprägungen der beiden Variablen in den einzelnen Studien verwendet und auf ihren Zusammenhang hin untersucht wurden.

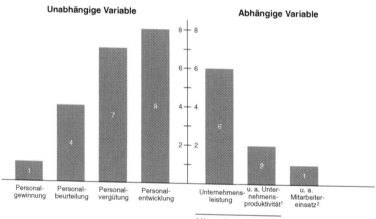

Abb. 3.3 Einzelne PMS: Häufigkeit der Verwendung der unabhängigen und abhängigen Variablen in untersuchten Studien. (Eigene Darstellung)

Demnach haben sich die Autoren der meisten Studien (acht) für die Personalentwicklung als unabhängige Variable entschieden und deren Auswirkungen auf unterschiedliche Leistungsvariablen untersucht. Darauf folgt die Personalvergütung (sieben Studien). Die am Häufigsten gewählte abhängige Variable ist dabei die Unternehmensleistung (sechs Studien), gefolgt von der Unternehmensproduktivität (zwei Studien). So legen beispielsweise Delaney und Huselid (1996) sowie Fey und Björkman (2001) dar, dass Personalentwicklungsmaßnahmen einen positiven Effekt auf die Unternehmensleistung aufweisen. Birdi und Kollegen (2008) machen darüber hinaus den Einfluss dieser Maßnahmen auf die Unternehmensproduktivität deutlich. Überdies belegen Gooderham und Kollegen (2008) den positiven Zusammenhang zwischen einer attraktiven Vergütung der Mitarbeiter und der Performance eines Unternehmens.

Solche direkten Auswirkungen angewandter Personalmanagementsysteme sind jedoch in der Realität nicht immer zu beobachten. Daher untersuchen einige Autoren in ihren Studien, über welche „Umwege" Personalmanagementsysteme ihre Wirkung auf die Leistung der Mitarbeiter respektive des gesamten Unternehmens entfalten können. Ein mögliches Beispiel liefern Gelade und Ivery (2003). Gemäß ihrer Studie wirken sich Personalentwicklungsmaßnahmen im ersten Schritt positiv auf die Arbeitsatmosphäre aus. Im zweiten Schritt führt dieser Einfluss dann zu einer gesteigerten Mitarbeiter- und Unternehmensleistung. In anderen Worten: Je besser das Betriebsklima, desto motivierter die Mitarbeiter und desto besser die Leistung.

Ähnlich sehen es auch Fey und Kollegen (2009). Ihren Ergebnissen zufolge haben Personalentwicklungsmaßnahmen sowie die Personalbeurteilung zunächst positive Auswirkungen auf die Fähigkeiten der Mitarbeiter. Diese verbesserten Fähigkeiten sorgen dann im nächsten Schritt für eine gesteigerte Unternehmensleistung.

Wie diese soeben dargestellten Untersuchungsergebnisse zeigen, werden durch die Anwendung der verschiedenen Personalmanagementsysteme unterschiedliche Leistungskomponenten auf unterschiedliche Art und Weise angesprochen (Dorozalla 2013). Den Unternehmen steht somit eine große Auswahl an Werkzeugen zur Verfügung, mit denen sie die Leistung ihrer Mitarbeiter und damit zwangsläufig die Leistung ihres Unternehmens positiv beeinflussen können.

3.2.2 Schlussfolgerung und Handlungsempfehlungen

Im vorangegangenen Abschnitt konnte dargelegt werden, dass der Zusammenhang zwischen Personalmanagementsystemen und Leistung nicht nur in theoretischen Modellen, sondern auch in der Unternehmenspraxis besteht. So zeigen die Ergebnisse diverser empirischer Untersuchungen auf, dass sich der Einsatz von Personalmanagementsystemen positiv auf die Mitarbeiter- und

Unternehmensleistung auswirkt. Daraus ergibt sich folgende grundsätzliche Schlussfolgerung: Die richtige Anwendung von Personalmanagementsystemen führt entweder direkt oder über bestimmte Mediatoren zu einer optimierten Leistung des gesamten Unternehmens (vgl. Abbildung 3.4).

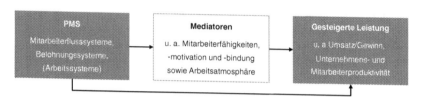

Abb. 3.4 Zusammenhang zwischen PMS und Unternehmensleistung. (Eigene Darstellung)

Aus dieser grundsätzlichen Schlussfolgerung lassen sich folgende Handlungsempfehlungen für die Unternehmenspraxis ableiten:

- Ermöglichen Sie Ihren Mitarbeitern, sich persönlich und fachlich weiterzuentwickeln. Bieten Sie ihnen dazu beispielsweise interne Schulungen, Trainings und Fortbildungen an oder unterstützen Sie ihre Teilnahme an externen Seminaren. Sie setzen damit eine Kette in Bewegung, an deren Ende sehr wahrscheinlich eine gesteigerte Unternehmensleistung steht. Gewähren Sie Ihren Mitarbeitern etwa die Teilnahme an *Training-on-the-Job-Maßnahmen* oder Persönlichkeitstrainings, so werden diese natürlich ihre fachlichen und persönlichen Kompetenzen ausbauen. Mindestens genauso wichtig ist jedoch, dass sich die Mitarbeiter dadurch von Ihnen als Arbeitgeber wertgeschätzt fühlen (vgl. *perceived organizational support*, Abschnitt 2.4). Dadurch wird ihre Zufriedenheit und Motivation und infolgedessen das gesamte Betriebsklima steigen. Die Konsequenz daraus ist eine Leistungssteigerung der Mitarbeiter (vgl. *Reziprozitätsnorm*, Abschnitt 2.4) und somit des gesamten Unternehmens.
- Honorieren Sie diese Leistungssteigerung Ihrer Mitarbeiter – beispielsweise mit einer angemessenen Vergütung. Entwickeln und implementieren Sie dazu Modelle, die neben einem fixen auch einen variablen Anteil enthalten. So können Sie mit Ihren Mitarbeitern individuelle Ziele vereinbaren, die diese nach erfolgreicher Teilnahme an oben genannten Weiterbildungsmaßnahmen erreichen sollen. Gelingt ihnen dieses, erhalten sie eine Prämie – zum Beispiel in Form einer im Vorfeld festgelegten Bonuszahlung. Diese muss jedoch nicht unmittelbar ausbezahlt werden. Sie kann beispielsweise auch vom Arbeitgeber zum Zweck der betrieblichen Altersversorgung einbehalten und zu einem

späteren Zeitpunkt entrichtet werden. Darüber hinaus ist denkbar, dass Prämien in Form von Sachleistungen oder Anreizen gewährt werden. Vorstellbar sind hier unter anderem schnellere Aufstiegsmöglichkeiten und verantwortungsvollere Aufgaben sowie Dienstfahrräder, -mobiltelefone und -laptops zur privaten Nutzung. Egal für welche Variante Sie sich entscheiden: Der POS sowie die Motivation und Leistung Ihrer Mitarbeiter werden steigen und sich positiv auf den Unternehmenserfolg auswirken.

- Achten Sie bei der Auswahl einzelner Personalmanagementsysteme grundsätzlich darauf, dass sie miteinander kombinierbar sind. Dadurch haben Sie die Chance, nicht nur die Effekte einzelner Personalmanagementsysteme, sondern auch die sogenannter PMS-Bündel für sich zu nutzen. Welche PMS Sie schlussendlich auswählen und ob beziehungsweise wie Sie diese miteinander kombinieren, müssen Sie gemäß Ihren Unternehmenszielen sowie entsprechend Ihrer Stärken und Schwächen entscheiden.
- Berücksichtigen Sie bei der Auswahl der Personalmanagementsysteme die Bedürfnisse der unterschiedlichen Altersgruppen Ihrer Beschäftigten. Wie wichtig dies ist, lässt sich sehr gut anhand der *Zusatzleistungen* verdeutlichen. So stellen beispielsweise jüngere Beschäftigte eher die Zielgruppe für Maßnahmen dar, die ihnen die Betreuung eigener Kinder erleichtern. Dagegen fühlen sich ältere Mitarbeiter womöglich eher durch Maßnahmen angesprochen, die sie bei der Betreuung pflegebedürftiger Angehöriger unterstützen. Damit ist klar: Allgemeine Maßnahmen, die zwar alle Ihre Mitarbeiter gleichermaßen, dafür jedoch nur oberflächlich ansprechen, sind nicht zielführend. Vielmehr sollten Sie sich für Maßnahmen entscheiden, die sich an den Bedürfnissen Ihrer Angestellten und deren unterschiedlichen Lebensphasen orientieren.
- Seien Sie bei der Auswahl Ihrer Personalmanagementsysteme offen für neue Ideen und wenden Sie beispielsweise das Modell des *Job-Sharings* an. Mit dieser Aufteilung einer Vollzeitstelle auf zwei oder mehrere Mitarbeiter lassen sich gleichzeitig verschiedene positive Aspekte realisieren. So ermöglichen Sie Ihren Beschäftigten durch die Reduzierung ihrer Arbeitszeit im Bedarfsfall eine bessere Vereinbarkeit von Beruf und Familie. Damit kann ihnen eine erhebliche Last von den Schultern genommen werden, sodass sie bei ihrer Arbeit konzentrierter und produktiver sein werden. Daneben ist dieses Modell für Arbeitgeber aus einem weiteren Gesichtspunkt attraktiv: Zwei Mitarbeiter bringen wesentlich mehr Ideen und Erfahrungen ein als einer. So stehen einem Unternehmen zwei kompetente Ansprechpartner für eine Stelle zur Verfügung, die sich gegenseitig ergänzen und im Falle der Abwesenheit einer Person nahtlos ersetzen. Der Mehrwert für das Unternehmen ist offenkundig.

Best-Practice-Beispiele

4

4.1 AGRAVIS Raiffeisen AG

Die *AGRAVIS Raiffeisen AG* ist eines der führenden Agrarhandels- und Dienstleistungsunternehmen Norddeutschlands. An seinen rund 400 regionalen Standorten beschäftigt das Unternehmen mehr als 6.000 Mitarbeiter. Diese produzieren und handeln mit Produkten aus den Bereichen Agrarerzeugnisse, Pflanzenbau, Tierernährung, Agrartechnik, Bauservice und Energie. Darüber hinaus ist *AGRAVIS* Großhandelspartner der regionalen Raiffeisengenossenschaften und Betreiber von knapp 50 eigenen Raiffeisenmärkten. Im Jahr 2014 erwirtschaftete das Unternehmen – bei einem Umsatz von mehr als sieben Milliarden Euro – einen Gewinn von knapp 42 Millionen Euro. Der Firmensitz von *AGRAVIS* ist in Hannover und Münster (AGRAVIS Raiffeisen AG 2015b; Schmidt 2016).

Um aktuelle Mitarbeiter langfristig an das Unternehmen zu binden und den fortwährenden Personalbedarf mit den richtigen Mitarbeitern zu decken, unternimmt *AGRAVIS* vielfältige Anstrengungen bei der Personalgewinnung und -entwicklung (Mitarbeiterflusssysteme). Dabei sieht sich das Unternehmen mehreren Wettbewerbsnachteilen ausgesetzt – insbesondere bei der Gewinnung von Mitarbeitern für seine ländlichen Standorte (Schmidt 2016). Diese Nachteile bestehen zum einen in der geringen Attraktivität des ländlichen Raumes und zum anderen in der dort üblicherweise niedrigeren Vergütung. Beides sorgt für einen erheblichen Mangel an Nachwuchs- und Fachkräften (Schaum 2014; Schmidt 2016). Dass es *AGRAVIS* an seinen regionalen Standorten dennoch gelingt, die Nachfrage nach Akademikern zu decken, macht das Unternehmen zu einem idealen Praxisbeispiel.

Im Bereich der Personalgewinnung setzt das Unternehmen verstärkt auf den persönlichen Kontakt zu potenziellen Mitarbeitern. So ist es auf

© Springer Fachmedien Wiesbaden 2016
F. Dorozalla und J.C. Hegewald, *Personalmanagement und Mitarbeiterleistung*,
essentials, DOI 10.1007/978-3-658-14116-5_4

Ausbildungsmessen ebenso regelmäßig vertreten wie auf Hochschulabsolventenmessen. Darüber hinaus führt *AGRAVIS* Informationsveranstaltungen im eigenen Unternehmen durch, hält Gastvorträge in Vorlesungen und bietet Studierenden Praktika sowie die Betreuung ihrer Abschlussarbeiten an. Mit dem Praktikantenprogramm *Grow@AGRAVIS* wendet sich das Unternehmen zudem gezielt an Studierende der Agrarwissenschaften. Dieser persönliche Kontakt wird um eine unternehmenseigene Karriere-Website sowie um Auftritte in sozialen Netzwerken (Facebook, Xing) und Arbeitgeberbewertungsportalen (Kununu) ergänzt (AGRA-VIS Raiffeisen AG 2015c; Schmidt 2016).

Mit diesen umfangreichen Personalgewinnungsaktivitäten will *AGRAVIS* (angehende) Facharbeiter sowie (angehende) Akademiker gleichermaßen ansprechen und von sich als Arbeitgeber überzeugen. Damit verfolgt das Unternehmen das Ziel, den eigenen Bedarf nach Fach- und Nachwuchskräften sowohl an seinen größeren Standorten in Städten als auch an den kleineren Standorten im ländlichen Raum dauerhaft zu decken (Schmidt 2016).

Bestehende Mitarbeiter fördert *AGRAVIS* mit zahlreichen Personalentwicklungsmaßnahmen. Diese erstrecken sich von beruflichen Fortbildungen über berufsbegleitende Studiengänge bis hin zu Kommunikations- und Fremdsprachenschulungen (AGRAVIS Raiffeisen AG 2015c). Vertriebsmitarbeiter erhalten vom Unternehmen zudem individuelle Einarbeitungspläne. Damit haben sie die Möglichkeit, sich sukzessive mit den für sie relevanten Inhalten und Abläufen vertraut zu machen (Schmidt 2016).

AGRAVIS hat den hohen Wert des Know-hows erfahrener Mitarbeiter erkannt und deshalb für die Teilnehmer der internen Trainingsreihe „Vertriebswerkstatt" ein Mentorenprogramm ins Leben gerufen. Darin erlernen Berufseinsteiger zunächst die theoretischen und praktischen Grundlagen der Vertriebstätigkeit bei *AGRAVIS*. Parallel dazu erneuern und verbessern langjährige Vertriebler in diesem Zusammenhang ihre fachlichen und persönlichen Kompetenzen. Im Anschluss daran steht jeder erfahrene Mitarbeiter *einem* Berufseinsteiger als Mentor zur Seite. In dieser Funktion hat der erfahrene Mitarbeiter die Aufgabe, seinem neuen Kollegen durch die gemeinsame Planung und Durchführung von Kundengesprächen unverzüglich einen umfassenden Einblick in seine zukünftige Tätigkeit zu ermöglichen (AGRAVIS Raiffeisen AG 2015a; Schmidt 2016). Zudem können Führungskräfte ihre Führungskompetenzen in eigens für sie entwickelten Management-Trainings erweitern (Schmidt 2016).

Neben den genannten Elementen der Mitarbeiterflusssysteme bietet *AGRAVIS* seinen Angestellten verschiedene Benefits aus dem Bereich der Belohnungssysteme – unter anderem regelmäßige Feedbackgespräche. Darüber hinaus misst das Unternehmen der Zusatzleistung des betrieblichen Gesundheitsmanagements eine

große Bedeutung bei, was sich in dem breiten Angebot an gesundheitsfördern-
den Maßnahmen widerspiegelt. Dazu zählen neben Bewegungsangeboten und
zielgruppenspezifischen Trainings, zum Beispiel zum Thema Stressmanagement,
auch die Benennung und Ausbildung von Gesundheitsmanagern an den einzelnen
Standorten. Im Rahmen einer Kooperation mit einem externen Familienservice
können die *AGRAVIS*-Mitarbeiter zudem anonym kostenlose Beratungsleistun-
gen bezüglich der Betreuung eigener Kinder und pflegebedürftiger Angehöriger
in Anspruch nehmen (AGRAVIS Raiffeisen AG 2015c; Interview mit Eva Sebbel,
25.02.2016). Auch dieses Angebot zählt zu den Zusatzleistungen.

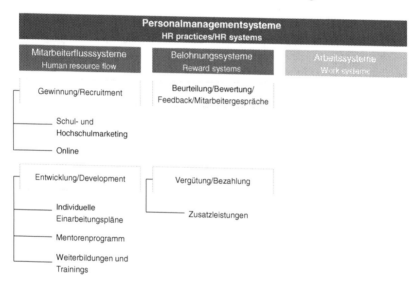

Abb. 4.1 Eingesetzte Personalmanagementsysteme bei der *AGRAVIS Raiffeisen AG.* (In
Anlehnung an Schmidt 2016)

Abbildung 4.1 zeigt die beschriebenen, von *AGRAVIS* eingesetzten Personalmanagementsysteme noch einmal in einer übersichtlichen Darstellung auf. Der
Erfolg der soeben dargestellten Maßnahmen lässt sich anhand verschiedener qua-
litativer und quantitativer Beispiele belegen.

- Die individuellen Einarbeitungspläne sorgen dafür, dass die Vertriebsmitarbeiter ihre Anfangsposition für einen relativ langen Zeitraum bekleiden. Aufgrund dieser Kontinuität kann *AGRAVIS* seinen Kunden eine gleichbleibende
  Beratungsqualität gewährleisten, was zu einer vertrauensvollen Beziehung zu

den Kunden führt (Schmidt 2016). Dieses Beispiel verdeutlicht, dass auch ein vermeintlich kleines Element der Personalmanagementsysteme relativ große Auswirkungen auf den Unternehmenserfolg haben kann.

■ Die zahlreichen Maßnahmen zur Entwicklung, Belohnung und Vergütung der Beschäftigten sorgen zudem für eine erheblich gesteigerte Mitarbeiterzufriedenheit. Diese äußert sich in zweierlei Hinsicht. Zum einen erreichte *AGRAVIS* in den letzten drei Jahren stets Top-Platzierungen bei der Bewertung der besten und beliebtesten Arbeitgeber Deutschlands. Auch in diesem Jahr erhielt das Unternehmen vom Nachrichtenmagazin *Focus* und dem Onlineportal *Kununu* bereits die Auszeichnung „Top Nationaler Arbeitgeber 2016" (Schmidt 2016). Das Besondere an diesem Ranking: Es basiert auf den Bewertungen und Einschätzungen der eigenen Mitarbeiter. So wurden diese unter anderem zu dem Führungsverhalten der Vorgesetzten, zu ihrer Einschätzung bezüglich individueller Karrierechancen innerhalb des Unternehmens sowie zu ihrer Bereitschaft, *AGRAVIS* als Arbeitgeber weiterzuempfehlen befragt (AGRAVIS Raiffeisen AG 2015c).

Zum anderen ist die Fluktuationsquote bei *AGRAVIS* seit einigen Jahren konstant auf niedrigem Niveau. Lag diese im Jahr 2012 noch bei über sechs Prozent, waren es 2013 bereits weniger als fünf Prozent (AGRAVIS Raiffeisen AG 2014). Seitdem ist es dem Unternehmen trotz dargelegter Wettbewerbs- und Standortnachteile gelungen, die Fluktuationsquote auf diesem Level zu halten[1] (Interview mit Eva Sebbel, 25.02.2016). Damit steht *AGRAVIS* im nationalen Vergleich sehr gut dar. So lag die durchschnittliche Fluktuationsquote in deutschen Unternehmen im Jahr 2013 bei 14 Prozent (Hay Group GmbH 2013). Diese Zahlen sind ein klares Indiz für eine gesteigerte Mitarbeiterzufriedenheit sowie ein Beleg für die Effektivität richtig eingesetzter Personalmanagementsysteme.

4.2 AMF-Bruns GmbH & Co. KG

AMF-Bruns ist europäischer Marktführer bei der Herstellung behindertengerechter Fahrzeuge und Liftsysteme (AMF-Bruns GmbH & Co. KG 2016b, 2016d; Interview mit Jan Woltermann, 02.02.2016). Darüber hinaus hat sich das

---

[1] „In die Berechnung fließen nur die AN- und AG-Kündigungen. Renteneintritte und Verstorbene und auch die Auszubildenden sind in der Quote nicht enthalten" (AGRAVIS Raiffeisen AG 2014, S. 41).

Unternehmen auf die Konstruktion, Herstellung und Inbetriebnahme von Förder-, Aufbereitungs-, Absack- und Verladeanlagen spezialisiert (AMF-Bruns GmbH & Co. KG 2016d). Sitz des Unternehmens ist Apen im Landkreis Ammerland (AMF-Bruns GmbH & Co. KG 2016a). Daneben gehören mehrere Vertriebsniederlassungen in Europa zum Unternehmen, welches insgesamt rund 350 Mitarbeiter beschäftigt (AMF-Bruns GmbH & Co. KG 2016c, 2016d; Interview mit Jan Woltermann, 02.02.2016).

AMF-Bruns hat die hohe Bedeutung zufriedener und motivierter Mitarbeiter für den eigenen Unternehmenserfolg erkannt. Aus diesem Grund bieten sie ihren Beschäftigten zahlreiche Privilegien durch die Ausgestaltung der Personalmanagementsysteme Mitarbeiterflusssysteme und Belohnungssysteme (vgl. Abbildung 4.2). Während der Fokus bei den Mitarbeiterflusssystemen auf der Personalentwicklung liegt, konzentriert sich das Unternehmen bei den Belohnungssystemen auf Aspekte der Vergütung (AMF-Bruns GmbH & Co. KG 2014). Diese Tatsache macht *AMF-Bruns* zu einem perfekten Praxisbeispiel für ein Unternehmen mittlerer Größe, zumal es hauptsächlich in dem vom Fachkräftemangel stark betroffenen ländlichen Raum agiert.

Um sich persönlich und fachlich weiterzuentwickeln, können die Mitarbeiter von *AMF-Bruns* auf ein breites Angebot an Personalentwicklungsmaßnahmen zurückgreifen. Dieses reicht von Rhetorikseminaren und Fremdsprachenunterricht über Seminare zum erfolgreichen Umgang mit Veränderungen bis hin zu Zeitmanagementseminaren (AMF-Bruns GmbH & Co. KG 2014). Aus diesem breiten Portfolio können die Mitarbeiter das für sie passende Seminar auswählen.

Ferner unterstützt *AMF-Bruns* seine Mitarbeiter bei ihrem Masterstudium sowie bei ihren beruflichen Fortbildungen. In diesem Zusammenhang trägt das Unternehmen die Kosten für anfallende Gebühren und Fahrten sowie für die Anschaffung von benötigten Lernmaterialien. Darüber hinaus werden die Mitarbeiter für die Zeit ihrer nebenberuflichen Fortbildung nicht in der Schichtarbeit eingesetzt. Absolvieren Beschäftigte eine Vollzeit-Fortbildung, so können sie währenddessen als Aushilfskräfte bei *AMF-Bruns* arbeiten. Damit erhalten sie zum einen die Möglichkeit, den Kontakt zu ihren Kollegen und den Bezug zu ihrer Tätigkeit ohne langfristige Unterbrechung aufrechtzuerhalten. Zum anderen können sie sich dadurch auch während ihrer Fortbildung ein Einkommen erarbeiten (Interview mit Jan Woltermann, 02.02.2016).

Mit diesen Maßnahmen erfüllt das Unternehmen nicht nur den Wunsch seiner Angestellten nach kontinuierlicher Weiterbildung. Vielmehr hebt es sich dadurch im *war for talent* positiv von der Konkurrenz ab. Damit stellt *AMF-Bruns* zwei elementare Dinge unter Beweis: Zum einen hat das Unternehmen den akuten Handlungsbedarf mit Blick auf die Auswirkungen respektive Herausforderungen des demografischen Wandels sowie der Globalisierung erkannt (Stichworte: Fach-kräftemangel, Braindrain etc.). Zum anderen haben die Verantwortlichen die richtige Schlussfolgerung daraus gezogen, indem sie die Personalmanagement-systeme als geeignete Werkzeuge zur Bewältigung dieser Herausforderungen identifiziert haben.

Zusätzlich zu den genannten Personalentwicklungsmaßnahmen bie-tet *AMF-Bruns* seinen Mitarbeitern unterschiedliche Vergütungsmodelle und Zusatzleistungen. In Bezug auf die Vergütungsmodelle sind insbesondere die Ent-geltumwandlung und die sogenannte *Bruns-Rente* zu nennen (AMF-Bruns GmbH & Co. KG 2014).

So können die Angestellten beispielsweise im Zuge der Entgeltumwandlung ein E-Bike[2] sowie geschäftliche Laptops und Mobiltelefone[3] zur privaten Nut-zung erhalten. In jedem dieser drei Fälle erfolgt die Anschaffung der Geräte durch das Unternehmen. Dadurch sparen die Mitarbeiter nicht nur beim Kauf-preis, sondern auch bei Reparaturen, monatlichen Gebühren und Steuern (AMF-Bruns GmbH & Co. KG 2014).

Mit der *Bruns-Rente* ermöglicht das Unternehmen seinen Angestellten, über die Entgeltumwandlung einen Teil ihres „[...] Einkommens steuer- und sozial-versicherungsfrei in eine Betriebsrente ab[zu]führen" (AMF-Bruns GmbH & Co. KG 2014, S. 37). Diese Abgabe wird dann von der Arbeitgeberseite noch um zehn Prozent erhöht. Führt also ein Mitarbeiter zum Beispiel 1.200 Euro seines jährlichen Bruttoeinkommens in die Betriebsrente ab, zahlt *AMF-Bruns* noch 120 Euro obendrauf (AMF-Bruns GmbH & Co. KG 2014). Mit dieser betrieb-lichen Altersversorgung leistet das Unternehmen einen Beitrag zur finanziellen Absicherung seiner Mitarbeiter nach ihrem Ausscheiden aus dem Berufsleben.

Überdies unterstützt *AMF-Bruns* seine Angestellten in Form von weiteren umfangreichen Zusatzleistungen. Diese sind ebenfalls dem Personalmanagement-system Vergütung zuzuordnen. So stellt das Unternehmen seinen Mitarbeitern über den Kooperationspartner *Arbeiterwohlfahrt* (AWO) beispielsweise kosten-lose Beratungs-, Informations- und Vermittlungsdienstleistungen zur Betreuung eigener Kinder und pflegebedürftiger Angehöriger zur Verfügung. Zudem wer-den betroffene Personen bei der Beantragung von Pflegeleistungen unterstützt.

---

[2] Der Kaufpreis wird in eine monatliche Nutzungsgebühr umgewandelt, die mit dem Brut-togehalt des Angestellten verrechnet wird (AMF-Bruns GmbH & Co. KG 2014).
[3] *AMF-Bruns* führt die Anschaffungskosten aus dem Bruttogehalt des Mitarbeiters ab (AMF-Bruns GmbH & Co. KG 2014).

Die Kontaktaufnahme zur AWO geht dabei stets direkt vom Mitarbeiter aus, ohne dass *AMF-Bruns* darüber informiert wird (AMF-Bruns GmbH & Co. KG 2014). Darüber hinaus betreibt das Unternehmen ein umfangreiches betriebliches Gesundheitsmanagement. Kooperationen mit Fitnessstudios gehören genauso dazu, wie Seminare zur Ergonomie am Arbeitsplatz, Augentraining für Mitarbeiter an Bildschirmarbeitsplätzen oder Ernährungsworkshops und Anti-Stress-Seminare. Besonders interessant sind darüber hinaus die von *AMF-Bruns* angebotenen Seminare zur Suchtprävention (AMF-Bruns GmbH & Co. KG 2014).

Mit all diesen Zusatzleistungen verfolgt das Unternehmen das Ziel, die Gesundheit seiner Angestellten zu fördern, um „[…] als starkes Team erfolgreich den Herausforderungen der Zukunft begegnen zu können" (AMF-Bruns GmbH & Co. KG 2014, S. 3). Genau diese Herangehensweise wird mit Blick auf das steigende Durchschnittsalter der Belegschaften immer wichtiger, damit ältere Mitarbeiter möglichst lange im Unternehmen gehalten werden können.

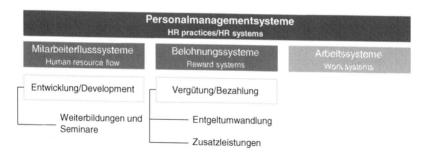

Abb. 4.2 Eingesetzte Personalmanagementsysteme bei der *AMF-Bruns GmbH & Co. KG.* (In Anlehnung an AMF-Bruns GmbH & Co. KG 2014)

Abbildung 4.2 zeigt die von *AMF-Bruns* eingesetzten Personalmanagementsysteme noch einmal übersichtlich auf. Der Erfolg dieser Maßnahmen lässt sich anhand von drei qualitativen Beispielen belegen.

■ Was vielen Unternehmen aus dem ländlichen Raum meist nur im Ausnahmefall gelingt, ist bei *AMF-Bruns* längst keine Seltenheit mehr: Führungskräfte aus ganz Deutschland bewerben sich aus eigenem Antrieb bei *AMF-Bruns*. So ist es dem Unternehmen gelungen, eine Führungskraft aus dem wirtschaftsstarken süddeutschen Raum von einem Wechsel in die Firmenzentrale nach Apen zu überzeugen (Interview mit Jan Woltermann, 02.02.2016). Dieser Erfolg ist zweifelsfrei auf die Ausgestaltung der Personalmanagementsysteme, sprich, auf das breite Angebot an Mitarbeiterprivilegien zurückzuführen. Somit wirkt sich die richtige Anwendung der PMS-Elemente Personalentwicklung und Vergütung in diesem Fall positiv auf das PMS-Element Personalgewinnung aus.

■ Darüber hinaus bewirkt die Ausgestaltung der Personalmanagementsysteme auch eine gesteigerte Mitarbeiterzufriedenheit und -motivation. Dies äußert sich zum einen in einer unterdurchschnittlich geringen Mitarbeiterfluktuation. Zum anderen tragen die Mitarbeiter ihre Zufriedenheit und damit ein positives Bild vom Arbeitgeber *AMF-Bruns* nach außen. Das wiederum resultiert in einer ausreichenden Anzahl an Bewerbern, was dazu führt, dass das Unternehmen keinerlei Schwierigkeiten bei der Besetzung von Ausbildungsplätzen und offenen Stellen hat (Interview mit Jan Woltermann, 02.02.2016).

■ Ferner hat das positive Arbeitgeberimage von *AMF-Bruns* dafür gesorgt, dass auch die Qualität der Bewerber in den letzten Jahren stetig zugenommen hat (Interview mit Jan Woltermann, 02.02.2016). So kann festgehalten werden, dass es dem Unternehmen aus dem ländlichen Raum durch die Ausgestaltung der unterschiedlichen Personalmanagementsysteme gelungen ist, den sogenannten Braindrain zu stoppen und seinen Personalbedarf mit qualifizierten Mitarbeitern zu decken. Dabei resultiert die hohe Mitarbeiterqualität in überdurchschnittlicher Leistung und fördert so den Erfolg des gesamten Unternehmens.

4.3   Haufe-umantis AG

Das Softwareunternehmen *Haufe-umantis* wurde im Jahr 2000 als *umantis AG* von vier Studenten im schweizerischen St. Gallen gegründet. Seit dem Jahr 2012 gehört das Unternehmen zur in Freiburg ansässigen *Haufe Gruppe*. Es ist heute europaweit führend bei dem Angebot und der Entwicklung von anwendungsorientierter Talent-Management-Software und beschäftigt insgesamt rund 180 Mitarbeiter (Haufe Gruppe 2013; Haufe-Lexware GmbH & Co. KG 2016; Interview mit Bernhard Münster, 12.02.2016; Stoffel 2015).

Abseits des eigentlichen Kerngeschäfts hat sich *Haufe-umantis* unlängst einen Namen auf dem Gebiet des modernen Personalmanagements gemacht. Ihre in allen Bereichen konsequent umgesetzte demokratische Unternehmenskultur findet sowohl in der Fachliteratur (u. a. Sattelberger et al. 2015) als auch in den Medien (u. a. Borchardt 2015; Kontio 2015) großen Anklang.

Dem Leitsatz „Mitarbeiter führen Unternehmen" folgend bindet *Haufe-umantis* seine Angestellten in sämtliche Entscheidungen mit ein. Dabei werden die Mitarbeiter jedoch nicht nur nach ihrer Meinung gefragt. Vielmehr erhalten sie weitreichende Entscheidungsbefugnisse in allen Bereichen (Stoffel 2015). Damit setzt das Unternehmen konsequent auf das Element der Mitbestimmung beziehungsweise Partizipation, welches dem Personalmanagementsystem *Arbeitssysteme* zuzuordnen ist (vgl. Abbildung 4.3). Dieser Umstand macht *Haufe-umantis* zu einem idealen Praxisbeispiel für ein eher kleines Unternehmen, zumal es in der vom Fachkräftemangel stark betroffenen IT-Branche (Bitkom e. V. 2014) beheimatet ist.

Im Jahr 2013 hat *Haufe-umantis* eine Studie zum Thema Mitarbeiterpartizipation durchgeführt (Stoffel 2015). Darin befragte das Unternehmen knapp 12.000 Beschäftigte aus anderen Unternehmen in Deutschland, Österreich und der Schweiz nach ihren Erfahrungen und Meinungen mit und zu diesem Thema. Dabei kam folgendes heraus:

- 84 Prozent der Befragten äußerten den Wunsch nach einem stärkeren Einfluss auf Entscheidungen, die das *gesamte Unternehmen* betreffen. Darüber hinaus gaben sie an, mehr Verantwortung übernehmen zu wollen.
- 80 Prozent der Befragten äußerten zudem den Wunsch nach verbesserten Mitbestimmungsmöglichkeiten bei Entscheidungen, die sich auf *ihre eigene Abteilung* auswirken.
- Ferner sahen 77 Prozent aller Umfrageteilnehmer einen positiven Zusammenhang zwischen verbesserten Einfluss- und Mitbestimmungsmöglichkeiten und ihrer eigenen Motivation und Arbeitsleistung.

Diese Ergebnisse spiegeln die Überzeugungen und Grundsätze wider, die bei *Haufe-umantis* schon lange vor dieser Umfrage in Form einer demokratischen Unternehmenskultur gelebt wurden. Im Unternehmensalltag äußern sich diese demokratischen Strukturen folgendermaßen:

Bei *Haufe-umantis* bestimmen alle Mitarbeiter gemeinsam, welche Unternehmensstrategie verfolgt wird. So war es zum Beispiel auch im Vorfeld der Übernahme durch die *Haufe Gruppe* im Jahr 2011 (Stoffel 2015). Die Entscheidung pro *Haufe Gruppe* und kontra großen Konzern haben die Mitarbeiter der damaligen *umantis AG* im Rahmen einer demokratischen Abstimmung gemeinschaftlich getroffen. Sie verzichteten damit zwar kurzfristig auf die Finanzkraft eines großen Unternehmens. Langfristig haben sie sich mit dieser Wahl jedoch für ihre

Werte und Ideale sowie für mehr Mitbestimmung entschieden (Borchardt 2015; Stoffel 2015). Dieses Verhalten unterstreicht noch einmal die zuvor genannten Umfrageergebnisse.

Die Angestellten von *Haufe-umantis* können jedoch nicht nur die strategische Ausrichtung des Unternehmens determinieren. Sie können darüber hinaus auch bestimmen, welche Führungspersonen diesen Prozess steuern sollen. So wählen die Mitarbeiter von *Haufe-umantis* jedes Jahr sämtliche Führungskräfte ihres Arbeitgebers inklusive der obersten Geschäftsleitung neu (Haufe-Lexware GmbH & Co. KG 2015; Stoffel 2015). Zuvor präsentieren sich die Kandidaten ihren Kollegen. Dabei stellen sie sich selbst und ihre Agenda vor und legen dar, warum sie sich für den geeigneten Kandidaten für die jeweilige Führungsposition halten. Die Mitarbeiter können als Wähler aktiv Fragen stellen und ihre Erwartungen an den zukünftigen Stelleninhaber äußern (Stoffel 2015). Auf dieser Basis entscheiden sie dann, welchen Kandidaten sie als am geeignetsten erachten. Dabei sind zwei Szenarien denkbar: Einerseits kann es der Fall sein, dass die Mitarbeiter mit der Person und der Arbeit einer bisherigen Führungskraft sowie mit seiner zukünftigen Agenda zufrieden sind und ihn deshalb erneut wählen. Andererseits kann es jedoch auch passieren, dass die Mitarbeiter einen anderen Kandidaten für besser empfinden und deshalb diesen in die Führungsposition wählen (Haufe-Lexware GmbH & Co. KG 2015).

Darüber hinaus wirkt sich das Element der Mitbestimmung auch auf andere Personalmanagementsysteme bei *Haufe-umantis* aus (vgl. Abbildung 4.3). So identifizieren die Mitarbeiter selbstständig Personalbedarfe und decken diesen durch eigenständige Personalgewinnungsmaßnahmen (Stoffel 2015).

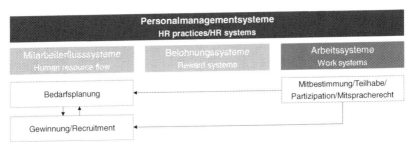

Abb. 4.3 Eingesetzte Personalmanagementsysteme bei der *Haufe-umantis AG*. (In Anlehnung an Stoffel 2015)

Abbildung 4.3 ordnet die von *Haufe-umantis* eingesetzten Personalmanage-mentsysteme und ihre Beziehung zueinander noch einmal übersichtlich in das Gesamtsystem ein. Der Erfolg dieser Maßnahmen lässt sich anhand von mehreren qualitativen und quantitativen Beispielen belegen.

- Durch die Beteiligung der Mitarbeiter an sämtlichen Entscheidungen steigt die Akzeptanz von schwierigen und unpopulären Maßnahmen. So lassen sich bei-spielsweise erforderliche Lohnkürzungen oder Entlassungen in wirtschaftlich prekären Situationen wesentlich einfacher durchsetzen (Stoffel 2015).
- Seit 2011 ist es *Haufe-umantis* gelungen, seine Mitarbeiteranzahl von 50 auf 180 zu erhöhen (Interview mit Bernhard Münster, 12.02.2016; Stoffel 2015). Damit beweist das Unternehmen, dass der richtige Einsatz von Personalma-nagementsystemen auch und insbesondere in einer fachkräfteärmeren Branche (vgl. Bitkom e. V. 2014) zum Erfolg führt. Dadurch, dass sich *Haufe-uman-tis* mit seiner demokratischen Unternehmenskultur deutlich von der Konkur-renz abhebt, hat das Unternehmen einen klaren Wettbewerbsvorteil bei der Personalgewinnung.
- Die gestiegene Mitarbeiteranzahl ist jedoch nicht exklusiv auf die bloße Exis-tenz der demokratischen Unternehmenskultur zurückzuführen. Wie oben erwähnt, übernehmen die Mitarbeiter eine wichtige Rolle bei der Personalge-winnung. Ihre Werbung für *Haufe-umantis* und deren Arbeitgebermodell führt dazu, dass mittlerweile mindestens sechs von zehn Stellen durch eine persön-liche Empfehlung eines Mitarbeiters besetzt werden (Stoffel 2015). Damit wird deutlich: Der richtige Einsatz von Personalmanagementsystemen sorgt für motivierte Mitarbeiter. Genau diese motivierten Mitarbeiter sind die effek-tivste und effizienteste Werbung für ein Unternehmen als Arbeitgeber.

Fazit 5

Die meisten Unternehmer und Führungskräfte sind sich schon seit langem bewusst, dass Mitarbeiter und deren Leistung zu den wichtigsten Faktoren in Unternehmen gehören. Auch dass man die Mitarbeiterleistung beeinflussen kann, ist „Common Sense". Wie aber können insbesondere Instrumente des Personalmanagements die Leistung beeinflussen? Welche Instrumente existieren und wie können diese an der Strategie eines Unternehmens ausgerichtet werden? Auf diese Fragen hat das vorliegende Buch kompakte Antworten gegeben.

Zunächst wurden konzeptionelle Ansätze beleuchtet. Obwohl diese Modelle vergleichsweise weit von der Unternehmenspraxis entfernt sind, zeigen sie doch wesentliche Zusammenhänge zwischen Unternehmen und ihrer Umwelt auf. Führungskräfte wie Personaler können diese als Denkanstoß verstehen, um sich auf einer abstrakten Ebene mit den Herausforderungen des eigenen Unternehmens auseinanderzusetzen. Die Erfahrung zeigt, dass dieser Abstand vom Tagesgeschäft oftmals in neuen Impulsen resultiert.

Die empirischen Studien haben unterstrichen, dass eine kausale Verknüpfung zwischen Personalmanagementsystemen, Mitarbeiterzufriedenheit und Mitarbeiterleistung besteht. Dadurch konnten die Kernaussagen der theoretischen Modelle bestätigt werden. Wenn dieser Einfluss besteht, dann kann Personalmanagement auch herangezogen werden, um die Gesamtstrategie eines Unternehmens zu unterstützen.

Einem Vorwurf sieht sich die Wissenschaft immer ausgesetzt: In der Theorie klingen Inhalte gut, aber in der Praxis lassen sich diese nicht umsetzen. Viele Unternehmer wissen Gründe anzubringen, warum sich ihr Unternehmen in einer speziellen Lage befindet, weshalb die vorgeschlagenen Maßnahmen bei ihnen nicht funktionieren würden. Dass es eben doch funktioniert, unterstreichen die dargestellten Best-Practice-Beispiele. Dabei wurden bewusst Unternehmen

© Springer Fachmedien Wiesbaden 2016
F. Dorozalla und J.C. Hegewald, *Personalmanagement und Mitarbeiterleistung*, essentials, DOI 10.1007/978-3-658-14116-5_5

unterschiedlicher Größe und Branchen gewählt, mit Standorten in ländlichen und urbanen Regionen. Die aufgezeigten Maßnahmen sollen als konkrete Ansätze dienen, wie Unternehmen durch die Gestaltung von Personalmanagementsystemen wichtige Kennzahlen und Leistungsgrößen zu ihren Gunsten beeinflussen können.

Alle drei Teile – konzeptionelle Ansätze, empirische Studien und Best-Practices – weisen eine zentrale Gemeinsamkeit auf: Leistung von Mitarbeitern resultiert zum Großteil nicht direkt aus konkreten Maßnahmen wie Trainings oder der Möglichkeit zur Mitbestimmung. Nein, vielmehr bewirken diese Ansätze, dass sich Mitarbeiter wertgeschätzt und wohl fühlen. Erst wenn das der Fall ist, geben Mitarbeiter diese Wertschätzung in Form von erhöhter beziehungsweise stabiler Leistung an das Unternehmen zurück. Bei der Auswahl von Personalmanagementsystemen sollte also immer eine Frage im Vordergrund stehen: Führen die Maßnahmen dazu, dass die Arbeitsatmosphäre verbessert wird? Erst dann kann die nächste Frage angeschlossen werden: Welcher Aspekt von Mitarbeiterleistung wird durch die bessere Arbeitsatmosphäre angesprochen?

Was Sie aus diesem *essential* mitnehmen sollen

- Der richtige Einsatz von Personalmanagementsystemen wirkt sich positiv auf die Mitarbeiterleistung aus und kann somit die Gesamtstrategie eines Unternehmens unterstützen.
- Personalmanagementsysteme können in drei verschiedene Kategorien untergliedert werden: Mitarbeiterfluss-, Belohnungs- und Arbeitssysteme.
- Bei ihrer Planung und Implementierung sollten stets die Anforderungen und Bedürfnisse der verschiedenen Mitarbeitertypen berücksichtigt werden. Nicht allgemeine, sondern gruppenspezifische Lösungen sind gefragt. Je größer die Übereinstimmung mit den Wünschen der Mitarbeiter, desto höher ist die zu erwartende Leistung.
- Die ausgewählten Instrumente wirken meist nie direkt auf die Leistung der Mitarbeiter, sondern zunächst auf deren Wohlbefinden und Zufriedenheit. Erst wenn dies gegeben ist, wird sich die Mitarbeiterleistung erhöhen.
- Unabhängig von Branche, Standort und Größe kann jedes Unternehmen Personalmanagementsysteme zur Steigerung der Mitarbeiterleistung einsetzen. Entscheidend dabei ist der Wille zur Umsetzung.

© Springer Fachmedien Wiesbaden 2016
F. Dorozalla und J.C. Hegewald, *Personalmanagement und Mitarbeiterleistung*, essentials, DOI 10.1007/978-3-658-14116-5

Anhang

Studien zur Beziehung zwischen einzelnen PMS und Leistung

Tab. A. 1 Studien zur Beziehung zwischen einzelnen PMS und Leistung

Autor(en) (Jahr); Journals	Analysemethode; Datengrundlage	Unabhängige Variable(n)	Mediierende Variable(n)	Abhängige Variable(n)
Birdi et al. (2008); Personnel Psychology	Long, HLM; N = 308; Produzierendes Gewerbe; UK	PE (extensive training)		(+) Unternehmensproduktivität
Chênevert und Tremblay (2009); International Journal of Human Resource Management	Long, RA; N = 128; Handel; Kanada	PV (incentives)		(+) Mitarbeitereinsatz (+) Mitarbeiterproduktivität
Collings et al. (2010); International Journal of Human Resource Management	RA; N = 340; diverse Industrien; Türkei	PB (competence-based performance appraisal) PV (performance-based compensation)		(+) Mitarbeiterfähigkeiten
		PE (empl. training) PV (performance-based compensation)		(+) Wahrgenommene finanzielle Unterstützung
Delaney und Huselid (1996); Academy of Management Journal	RA; N = 727; diverse Industrien; USA	PE (training) PV (incentive compensation)		(+) Wahrgenommene Unternehmensleistung
Delery und Doty (1996); Academy of Management Journal	HLM; N = 216; Finanzwesen; USA	PB (results-orientated appraisals)		(+) ROA (+) ROE

© Springer Fachmedien Wiesbaden 2016
F. Dorozalla und J.C. Hegewald, *Personalmanagement und Mitarbeiterleistung*,
essentials, DOI 10.1007/978-3-658-14116-5

Tab. A. 1 (Fortsetzung)

Study	Method	HR-Praktik	Mediator	Ergebnis
Fey et al. (2000); International Journal of Human Resource Management	RA; N = 101; diverse Industrien; Russland	PE (non-technical training) PV (salary level)	(+) Konstrukt höherer Ordnung (competence development, employee motivation, retention)	(+) Wahrgenommene Unternehmensleistung
		PV (salary level)	///	///
Fey und Björkman (2001); Journal of International Business Studies	RA; N = 101; diverse Industrien; Russland	PE (employee development) PV (employee pay)	///	(+) Wahrgenommene Unternehmensleistung
Fey et al. (2009); Journal of International Business Studies	RA; N = 241; diverse Industrien; USA, Finnland, Russland	PE (training) PB (competence and performance appraisal)	(+) Mitarbeiterfähigkeiten	(+) Wahrgenommene Unternehmensleistung
Gelade und Ivery (2003); Personnel Psychology	Long, SEM; N = 137; Finanzwesen; USA	PE (professional development)	(+) Organisationales Klima	(+) Umsatz (+) Mitarbeiterbindung (+) Unternehmensleistung
			///	(+) Kundenzufriedenheit (+) Mitarbeiterbindung (+) Unternehmensleistung
Gooderham et al. (2008); International Journal of Human Resource Management	RA; N = 3.281; diverse Industrien; 16 europäische Länder	PV (share options, profit sharing, group bonus)	///	(+) Wahrgenommene Unternehmensleistung
Michie und Sheehan (2005); International Journal of Human Resource Management	RA; N = 362; diverse Industrien; UK	PG (recruitment and selection) PE (training, internal career opportunities) PV (performance-based compensation) PB (formal appraisal)	///	(+) Umsatz (+) Produktivität (+) Profitabilität

HLM = Hierarchisch lineare Modellierung; Long = Längsschnittstudie; N = Anzahl Unternehmen; PB = Personalbeurteilung; PE = Personalentwicklung; PG = Personalgewinnung; PV = Personalvergütung; RA = Regressionsanalyse; ROA = Return on Assets; ROE = Return on Equity; SEM = Strukturgleichungsmodelle; (Text) = Originalbezeichnung in der Studie; (+) = signifikant positiver Effekt; (-) = signifikant negativer Effekt

Literatur

Ackermann, K.-F. (2015). HR-Transformation als neues zukunftsweisendes reformkonzept. *PERSONALquarterly,1,* 10–16.

AGRAVIS Raiffeisen AG. (2014). Wir helfen wachsen. umwelt und verantwortung. 2. nachhaltigkeitsbericht. Nachhaltigkeitsbericht 2012–2013. http://www.agravis.biz/flipbook/Nachhaltigkeitsbericht_12_13/flipviewerxpress.html. Zugegriffen: 24. Febr. 2016.

AGRAVIS Raiffeisen AG. (2015a). *AGRAVIS Vertriebswerkstatt Agrarhandel.* AGRAVIS Raiffeisen AG. Münster.

AGRAVIS Raiffeisen AG. (2015b). Land wirtschaftlich 2014/2015. https://www.agravis.de/media/unternehmen/uk_pdf/SCREEN_Zahlen_Daten_Fakten_Flyer_2014_15_D_ha.pdf. Zugegriffen: 08. Jan. 2016.

AGRAVIS Raiffeisen AG. (2015c). *Zukunftsorientiert. Hier wächst Ihre Zukunft.Die AGRAVIS als Arbeitgeber.* AGRAVIS Raiffeisen AG. Münster.

Allianz Lebensversicherungs-AG. (2010). Geschäftsbericht 2009. https://www.allianz.com/media/investor_relations/de/berichte_und_finanzdaten/geschaeftsbericht/geschaeftsberichte_allianz_gesellschaften/gesellschaften/azl_gb_2009.pdf. Zugegriffen: 02. März 2016.

AMF-Bruns GmbH & Co. KG. (2014). „miteinander arbeiten, Füreinander engagieren". Das Vorteils- und Gesundheitsprogramm für Mitarbeiterinnen und Mitarbeiter von AMF-Bruns. Zugegriffen: 13. Jan. 2016.

AMF-Bruns GmbH & Co. KG. (2016a). Das Unternehmen AMF-Bruns. http://www.amf-foerderanlagen.de/unternehmen/. Zugegriffen: 13. Jan. 2016.

AMF-Bruns GmbH & Co. KG. (2016b). Fahrzeuge für mobilitätseingeschränkte Personen. http://www.amf-bruns-behindertenfahrzeuge.de/. Zugegriffen 08. Jan. 2016.

AMF-Bruns GmbH & Co. KG. (2016c). Fördertechnik. Ihre Ansprechpartner für jede Branche. http://www.amf-foerderanlagen.de/vertrieb/. Zugegriffen: 14. Jan. 2016.

AMF-Bruns GmbH & Co. KG. (2016d). Jobs & Karriere bei AMF-Bruns. http://www.amf-foerderanlagen.de/job-karriere/. Zugegriffen: 08. Jan. 2016.

Arthur, J. B., & Boyles, T. (2007). Validating the human resource system structure. A levels-based strategic HRM approach. *Human Resource Management Review,17*(1), 77–92. doi:10.1016/j.hrmr.2007.02.001.

Bayer AG. (2015). Geschäftsbericht 2014. http://www.geschaeftsbericht2014.bayer.de/de/bayer-geschaeftsbericht-2014.pdfx. Zugegriffen: 02. März 2016.

© Springer Fachmedien Wiesbaden 2016
F. Dorozalla und J.C. Hegewald, *Personalmanagement und Mitarbeiterleistung,*
essentials, DOI 10.1007/978-3-658-14116-5

Becker, B. E., & Huselid, M. A. (1998). High performance work systems and firm performance. A synthesis of research and managerial implications. *Research in Personnel and Human Resources Management, 16*, 53–101.

Becker, B. E., & Huselid, M. A. (2006). Strategic human resources management. Where do we go from here? *Journal of Management, 32*(6), 898–925. doi:10.1177/0149206306293668.

Becker, M. (2009). *Personalentwicklung. Bildung, förderung und organisationsentwicklung in theorie und praxis* (5. Aufl.). Stuttgart: Schäffer-Poeschel.

Beer, M., Spector, B., Lawrence, P. R., Mills, D. Q., & Walton, R. E. (1984). *Managing human assets. The groundbraking Harvard Business School program.* New York: Free Press.

Birdi, K., Clegg, C., Patterson, M., Robinson, A., Stride, C. B., Wall, T. D., & Wood, S. J. (2008). The impact of human resource and operational management practices on company productivity. *A Longitudinal Study. Personnel Psychology, 61*(3), 467–501.

Bitkom e. V. (2014). In Deutschland fehlen 41.000 IT-Experten. https://www.bitkom.org/Presse/Presseinformation/In-Deutschland-fehlen-41000-IT-Experten.html. Zugegriffen: 25. Jan. 2016.

Borchardt, A. (2015). Demokratie in Firmen. Der gewählte Chef. http://www.sueddeutsche.de/wirtschaft/demokratie-in-firmen-der-gewaehlte-chef-1.2349724. Zugegriffen: 25. Jan. 2016.

Börsch-Supan, A., & Wilke, C. B. (2009). Zur mittel- und langfristigen Entwicklung der Erwerbstätigkeit in Deutschland. *Zeitschrift für Arbeitsmarktforschung,42*(1), 29–48. doi:10.1007/s12651-009-0006-x.

Böttger, E. (2012). *Employer Branding. Verhaltenstheoretische Analysen als Grundlage für die identitätsorientierte Führung von Arbeitgebermarken.* Wiesbaden: Springer.

Bundesministerium für Arbeit und Soziales. (2011).*Fachkräftesicherung. Ziele und Maßnahmen der Bundesregierung* (Bundesministerium für Arbeit und Soziales, Hrsg.), Berlin.

Bundesvereinigung der Deutschen Arbeitgeberverbände. (2015). Demografischer Wandel. Herausforderungen für Soziale Sicherung und Arbeitsmarkt. http://www.arbeitgeber.de/www/arbeitgeber.nsf/id/DE_Demografischer_Wandel. Zugegriffen: 17. Dez. 2015.

Cakar, F., Bititci, U. S., & MacBryde, J. (2003). A business process approach to human resource management. *Business Process Management Journal,9*(2), 190–207. doi:10.1108/14637150310468.

Campanella, E. (2015). Reversing the elite brain drain. A first step to address Europe's skills shortage. *Journal of International Affairs,68*(2), 195–209.

Carbon, M. T., Heindl, S., Süßmuth, B., & Wiesenewsky, U. (2014). *Erfolgsfaktor Demografie-Management. Status quo, Herausforderungen und Lösungsansätze für Unternehmen.* Towers Watson Studie (Towers Watson, Hrsg.), Frankfurt a M.

Chênevert, D., & Tremblay, M. (2009). Fits in strategic human resource management and methodological challenge. Empirical evidence of influence of empowerment and compensation practices on human resource performance in Canadian firms. *International Journal of Human Resource Management, 20*(4), 738–770. doi:10.1080/09585190902770547.

Collings, D. G., Demirbag, M., Mellahi, K., & Tatoglu, E. (2010). Strategic orientation, human resource management practices and organizational outcomes. Evidence from

Turkey.*International Journal of Human Resource Management, 21*(14), 2589–2613. doi:10.1080/09585192.2010.523577.

Combs, J., Liu, Y., Hall, A., & Ketchen, D. (2006). How much do high-performance work practices matter? A meta-analysis of their effects on organizational performance. *Personnel Psychology, 59*(3), 501–528. doi:10.1111/j.1744-6570.2006.00045.x.

Dachrodt, G., Hennig, K.-P., Kieckbusch, M., & Marquardt, B. (2014). Personalmanagement als strategischer wertschöpfungsfaktor. In H.-G. Dachrodt, W. Koberski, V. Engelbert, & G. Dachrodt (Hrsg.), *Praxishandbuch Human Resources. Management – Arbeitsrecht – Betriebsverfassung* (S. 1–90). Wiesbaden: Springer.

Delaney, J. T., & Huselid, M. A. (1996). The impact of human resource management practices on perceptions of organizational performance. *Academy of Management Journal,39*(4), 949–969. doi:10.2307/256718.

Delery, J. E., & Doty, D. H. (1996). Modes of theorizing in strategic human resource management. Tests of universalistic, contingency, and configurational performance predictions. *Academy of Management Journal,39*(4), 802–835. doi:10.2307/256713.

Deutsche Post DHL Group. (2015). When You Think of Logistics We Want You to Think of Us. Geschäftsbericht 2014. http://www.dpdhl.com/content/dam/dpdhl/Investoren/Veranstaltungen/Reporting/2015/gb2014/DPDHL_Geschaeftsbericht_2014.pdf. Zugegriffen: 02. März 2016.

Döring, N., Bortz, J., & Pöschl, S. (2016).*Forschungsmethoden und evaluation in den sozial- und humanwissenschaften* (5. Aufl.). Berlin: Springer.

Dorozalla, F. (2013). *Strategisches Personalmanagement und demografischer Wandel.* Wiesbaden: Springer Fachmedien Wiesbaden.

Dorozalla, F. (02.02.2016). *Personalmanagementsysteme bei AMF-Bruns. Interview mit* Jan Woltermann.

Dorozalla, F. (12.02.2016). *Demokratische Unternehmenskultur bei Haufe-umantis. Interview mit* Bernhard Münster.

Dorozalla, F. (25.02.2016). *Fluktuationsquote bei der AGRAVIS Raiffeisen AG. Interview mit* Eva Sebbel.

Drews, C., & Höfer, S. (2014). Internationales Bewerbermanagement. In H. Künzel (Hrsg.), *Erfolgsfaktor Employer Branding. Mitarbeiter binden und die Gen Y gewinnen*(Erfolgsfaktor Serie, S. 63–76). Berlin: Springer Gabler.

Eisenberger, R., Fasolo, P., & Davis-LaMastro, V. (1990). Perceived organizational support and employee diligence, commitment, and innovation. *Journal of Applied Psychology,75*(1), 51–59.

Ellinger, A. E., Natarajarathinam, M., Adams, F. G., Gray, J. B., Hofman, D., & O'Marah, K. (2011). Supply chain management competency and firm financial success. *Journal of Business Logistics,32*(3), 214–226. doi:10.1111/j.2158-1592.2011.01018.x.

Festing, M. (2012). Strategic human resource management in Germany. Evidence of convergence to the U.S. model, the European model, or a distinctive national model? *Academy of Management Perspectives,26*(2), 37–54. doi:10.5465/amp.2012.0038.

Fey, C. F., & Björkman, I. (2001). The effect of human resource management practices on MNC subsidiary performance in Russia. *Journal of International Business Studies,32*(1), 59–75.

Fey, C. F., Björkman, I., & Pavlovskaya, A. (2000). The effect of human resource management practices on firm performance in Russia. *International Journal of Human Resource Management,11*(1), 1–18. doi:10.1080/095851900339963.

Fey, C. F., Morgulis-Yakushev, S., Park, H. J., & Björkman, I. (2009). Opening the black box of the relationship between HRM practices and firm performance. A comparison of MNE subsidiaries in the USA, Finland, and Russia. *Journal of International Business Studies,40*(4), 690–712. doi:10.1057/jibs.2008.83.

Gathmann, C., Keller, N., Monscheuer, O., Straubhaar, T., Schäfer, H., Zimmermann, K. F., & Brücker, H. (2014). Zuwanderung nach Deutschland – Problem und Chance für den Arbeitsmarkt. *Wirtschaftsdienst,94*(3), 159–179. doi:10.1007/s10273-014-1652-3.

Gelade, G. A., & Ivery, M. (2003). The impact of human resource management and work climate on organizational performance. *Personnel Psychology,56*(2), 383–404.

Ginger, A., & Büchner, U. (2016). Wettbewerbsvorteil durch Hochleistungspro-duktivität: Wie Fertigungsunternehmen durch eine innovative Methode der Pro-duktionsoptimierung zu Hochleistung gebracht werden. In H. Künzel (Hrsg.), *Erfolgsfaktor Performance Management. Leistungsbereitschaft einer aufgeklärten Generation* (Erfolgsfaktor Serie, Bd. 1, S. 95–110). Berlin: Springer.

Glass, G. V. (1976). Primary, secondary, and meta-analysis of Research. *Educational Researcher,5*(10), 3–8. doi:10.3102/0013189X005010003.

Gooderham, P., Parry, E., & Ringdal, K. (2008). The impact of bundles of strate-gic human resource management practices on the performance of European firms. *International Journal of Human Resource Management,19*(11), 2041–2056. doi:10.1080/09585190802404296.

Gouldner, A. W. (1960). The norm of reciprocity. A Preliminary Statement. *American Sociological Review,25*(2), 161–178.

Haufe Gruppe. (2013). Haufe mit Rekord-Wachstum bei Talent Management Software. Zweites Quartal mit so guten Ergebnissen wie nie zuvor. http://presse.haufe.de/pres-semitteilungen/detail/article/haufe-mit-rekord-wachstum-bei-talent-management-soft-ware/. Zugegriffen: 26. Jan. 2016.

Haufe-Lexware GmbH & Co. KG. (2015). CEO Marc Stoffel erneut demokratisch gewählt. Mitarbeiter von Haufe-umantis stimmen über Management und Unternehmensstrate-gie ab. http://presse.haufe.de/pressemitteilungen/detail/article/ceo-marc-stoffel-erneut-demokratisch-gewaehlt/. Zugegriffen: 26. Jan. 2016.

Haufe-Lexware GmbH & Co. KG. (2016). Haufe-umantis. http://www.haufe-lexware.com/haufe-umantis-ag. Zugegriffen: 25. Jan. 2016.

Hay Group GmbH. (2013). Jeder siebte Deutsche wechselt in diesem Jahr seinen Arbeits-platz. http://www.haygroup.com/de/press/details.aspx?id=38211. Zugegriffen: 25. Febr. 2016.

Heskett, J. L., Jones, T. O., Loveman, G. W., Sasser, W. E., & Schlesinger, L. A. (2008). Putting the service-profit chain to work. *Harvard Business Review,86*(7–8), 118–129.

Holtbrügge, D. (2013). *Personalmanagement*. Berlin: Springer.

Homburg, C., Schwemmle, M., & Kuehnl, C. (2015) New product design. Concept, measu-rement, and consequences. *Journal of Marketing, 79*(3), 41–56. doi:10.1509/jm.14.0199

Hsu, S.-H., Chen, W.-H., & Hsueh, J.-T. (2006). Application of customer satisfaction study to derive customer knowledge. *Total Quality Management & Business Excellence,17*(4), 439–454. doi:10.1080/14783360500528197.

Huselid, M. A. (1995). The impact of human resource management practices on tur-nover, productivity, and corporate financial performance. *Academy of Management Journal,38*(3), 635–672. doi:10.2307/256741.

Jung, H. (2011). *Personalwirtschaft.* München: Oldenbourg Wissenschaftsverlag.

Kallweit, M., & Weigert, B. (2016). Demografischer Wandel in Deutschland. In T. Druyen (Hrsg.), *Drei Generationen im Gespräch – Eine Studie zum intergenerativen Zukunftsmanagement* (1. Aufl., S. 181–221). Wiesbaden: Springer Fachmedien Wiesbaden.

Kienbaum Consultants International. (2014). Kienbaum-Trendstudie zu Zusatzleistungen und Flexible Benefits. Nur wenige Unternehmen setzen im War for Talent auf flexible Zusatzleistungen. http://www.kienbaum.de/desktopdefault.aspx/tabid-16/149_read-1086/. Zugegriffen: 03. Nov. 2015.

Kiepe, M. (2014). *Personalabrechnung auf den Punkt. Handbuch für Unternehmen.* Wiesbaden: Springer Gabler.

Koch, E. (2014). *Globalisierung: Wirtschaft und Politik. Chancen – Risiken – Antworten.* Wiesbaden: Springer Gabler.

Kohl, D., & Löw, M. (2011). Der Mensch im Berufsleben – Kostenfaktor oder Erfolgsmotor? Strategisches Personalmanagement unter dem Einfluss der zunehmenden Globalisierung. In F. Keuper & H. A. Schunk (Hrsg.), *Internationalisierung deutscher Unternehmen. Strategien, Instrumente und Konzepte für den Mittelstand* (2. Aufl., S. 417–439). Wiesbaden: Springer.

Kontio, C. (2015). Demokratie in Unternehmen. Wenn Mitarbeiter den Chef auswählen. http://www.handelsblatt.com/unternehmen/beruf-und-buero/zukunft-der-arbeit/demo-kratie-in-unternehmen-wenn-mitarbeiter-den-chef-auswaehlen/11106968.html. Zugegriffen: 25. Jan. 2016.

Krämer, M. (2012). Werkzeugkasten für die Personalentwicklung. Starter-Set für kleine und mittelständische Unternehmen. *Personalführung, 2,* 34–39.

Lasko, W., & Busch, P. (2012). *Strategie – Umsetzung – Profit.* Wiesbaden: Springer.

LifeCare. (2003). LifeCare, Inc. Conference Features Xerox CEO Anne Mulcahy. Employers Challenged to Motivate and Engage Workforce. http://www.businesswire.com/news/home/20030516005369/en/LifeCare-Conference-Features-Xerox-CEO-Anne-Mulcahy. Zugegriffen: 02. März 2016.

Lindner-Lohmann, D., Lohmann, F., & Schirmer, U. (2012). *Personalmanagement.* Berlin: Springer.

Meifert, M., Enaux, C., & Henrich, F. (2011).*Strategisches Talent-Management. Talente systematisch finden, entwickeln und binden (Kienbaum bei Haufe).* Freiburg: Haufe.

Michaels, E., Handfield-Jones, H., Jones, H. H., & Axelrod, B. (2001). *The War for Talent.* Boston: Harvard Business School Press.

Michie, J., & Sheehan, M. (2005). Business strategy, human resources, labour market flexibility and competitive advantage. *International Journal of Human Resource Management,16*(3), 445–464. doi:10.1080/0958519042000339598.

Noble, C. H., & Kumar, M. (2010). Exploring the appeal of product design. A grounded, value-based model of key design elements and relationships. *Journal of Product Innovation Management,27*(5), 640–657.

Olfert, K. (2015). *Personalwirtschaft (Kompendium der praktischen Betriebswirtschaft* (16. Aufl.). Herne: Kiehl.

Parment, A. (2012). *Generation Y in consumer and labour markets* (Routledge interpretive marketing research, Bd. 15). New York: Routledge.

Payne, S. C., & Webber, S. S. (2006). Effects of service provider attitudes and employment status on citizenship behaviors and customers' attitudes and loyalty behavior. *Journal of Applied Psychology,91*(2), 365–378. doi:10.1037/0021-9010.91.2.365.

Radhakrishna, A., & Satya Raju, R. (2015). A study on the effect of human resource development on employment relations.*IUP Journal of Management Research,14*(3), 28–42.

Rhoades, L., & Eisenberger, R. (2002). Perceived organizational support. A review of the literature. *Journal of Applied Psychology,87*(4), 698–714. doi:10.1037//0021-9010.87.4.698.

Roland Berger Strategy Consultants. (2011). *Trend Compendium 2030* Roland Berger Strategy Consultants. München.

Romero, J. G. (2013). What circumstances lead a government to promote brain drain? *Journal of Economics, 108*(2), 173–202. doi:10.1007/s00712-012-0272-x.

Sattelberger, T., Welpe, I., & Boes, A. (Hrsg.). (2015). *Das demokratische Unternehmen. Neue Arbeits- und Führungskulturen im Zeitalter digitaler Wirtschaft* (1. Aufl.). Freiburg: Haufe Gruppe.

Schaum, H. (2014). Vorwort. In Industriegewerkschaft Bauen-Agrar-Umwelt (Hrsg.), *Handlungsbedarf Demographischer Wandel in der Landwirtschaft. Memorandum* (S. 4–5). Berlin: Institut für nachhaltige Regionalentwicklung in Europa e. V. PECO – Institut e. V.

Schmidt, A. (2016). *Best Practice AGRAVIS*. Münster: AGRAVIS Raiffeisen AG.

Sebald, H., Enneking, A., Denison, K., & Richter, T. (2007). *Was Mitarbeiter bewegt zum Unternehmenserfolg beizutragen – Mythos und Realität. Towers Perrin Global Workforce Study 2007–2008*. Deutschland-Report (Towers Perrin, Hrsg.). https://www.dgfp.de/wissen/personalwissen-direkt/dokument/81894/herunterladen. Zugegriffen: 02. März 2016.

Seeger, K. (2014). *Erfolgreiche Strategiearbeit im Mittelstand*. Wiesbaden: Springer.

Settoon, R. P., Bennett, N., & Liden, R. C. (1996). Social exchange in organizations. perceived organizational support, leader-member exchange, and employee reciprocity. *Journal of Applied Psychology,81*(3), 219–227.

Slupina, M., Sütterlin, S., & Klingholz, R. (2015).*Von Hürden und Helden. Wie sich das Leben auf dem Land neu erfinden lässt*. Berlin: Berlin-Institut für Bevölkerung und Entwicklung.

Statistische Ämter des Bundes und der Länder. (2009).*Demografischer Wandel in Deutschland. Auswirkungen auf die Entwicklung der Erwerbspersonenzahl*. Statistische Ämter des Bundes und der Länder. Stuttgart.

Statistisches Bundesamt. (2015). *Bevölkerung Deutschlands bis 2060. 13. koordinierte Bevölkerungsvorausberechnung* (Statistisches Bundesamt, Hrsg.), Wiesbaden.

Stickling, E. (2015). „Alles kann Führung nicht lösen". Interview mit Claudia Conrads, Information Factory. *Personalwirtschaft* (10), 27.

Stock-Homburg, R. (2013). *Personalmanagement. Theorien – Konzepte – Instrumente* (Lehrbuch, 3. Aufl.). Wiesbaden: Springer Gabler.

Stoffel, M. (2015). Mitarbeiter führen Unternehmen. Demokratie und Agilität bei der Haufe-umantis AG. In T. Sattelberger, I. Welpe, & A. Boes (Hrsg.), *Das demokratische Unternehmen. Neue Arbeits- und Führungskulturen im Zeitalter digitaler Wirtschaft* (1. Aufl., S. 263–286). Freiburg: Haufe Gruppe.

Strack, R., Linden, C. von der, Booker, M. & Strohmayr, A. (2014). *Decoding Global Talent. 200.000 Survey Responses on Global Mobility and Employment Preferences.* Düsseldorf.

Struß, N., & Thommen, J.-P. (2004). Fit machen für den demografischen Wandel. *Zeitschrift für Human Resource Management, 56*(6), 14–17.

Strzygowski, S. (2014). *Personalauswahl im Vertrieb.* Wiesbaden: Springer.

The Boston Consulting Group & StepStone. (2014).*Internationale Jobmobilität. Auswertung einer Studie zum globalen Arbeitsmarkt von StepStone und The Boston Consulting Group,* Düsseldorf, München.

Truss, C., & Gratton, L. (1994). Strategic human resource management. A conceptual approach. *International Journal of Human Resource Management,5*(3), 663–686.

Watzka, K. (2014). *Personalmanagement für Führungskräfte. Elf zentrale Handlungsfelder.* Wiesbaden: Springer.

Weaver, J. J. (1994). Want Customer Satisfaction?*Satisfy Your Employees First. HR magazine,39*(2), 112–113.

Weinrich, K. (2014). *Nachhaltigkeit im Employer Branding. Eine verhaltenstheoretische Analyse und Implikationen für die Markenführung* (Innovatives Markenmanagement, 48. Aufl.). Wiesbaden: Springer.

Wietheger, I. & Lysk, U., Lonnes, F. & Klohs, K. (Mitarbeiter) (Roland Berger Strategy Consultants, Hrsg.). (2014). Die neue Vereinbarkeit. Warum Deutschland einen Qualitätssprung bei der Vereinbarkeit von Beruf und Familie braucht! Think Act. https://www.rolandberger.de/media/pdf/Roland_Berger_TAB_Die_neue_Vereinbarkeit_2_0_20141211.pdf. Zugegriffen: 02. März 2016.

Wright, P. M., & Boswell, W. R. (2002). Desegregating HRM. A review and synthesis of micro and macro human resource management research. *Journal of Management, 28*(3), 247–276.

Wright, P. M., & McMahan, G. C. (1992). Theoretical perspectives for strategic human resource management. *Journal of Management, 18*(2), 295–320.

Wright, P. M., & Snell, S. A. (1991). Toward an integrative view of strategic human resource management. *Human Resource Management Review,1*(3), 203–225.

Zhang, M., Sarker, S., & Sarker, S. (2013). Drivers and export performance impacts of IT capability in ‚Born-Global' firms. *A Cross-National Study. Information Systems Journal,23*(5), 419–443. doi:10.1111/j.1365-2575.2012.00404.x.

Printed in the United States
By Bookmasters